suhrkamp taschenbuch 680

D0724752

Volker Braun, geboren 1939 in Dresden, lebt in Berlin (DDR). Gedichtbände: *Provokation für mich; Wir und nicht sie; Gegen die symmetrische Welt; Training des aufrechten Gangs.* Prosa: *Das ungezwungne Leben Kasts; Unvollendete Geschichte.* Stücke: *Die Kipper; Hinze und Kunze; Lenins Tod; Schmitten; Tinka; Guevara oder Der Sonnenstaat; Großer Frieden; Simplex Deutsch; Dmitri.*

Es hat fast zehn Jahre gedauert, bis der erste Theatertext Volker Brauns, *Die Kipper,* in der DDR und dann in der Bundesrepublik aufgeführt werden konnte. Denn die Stücke Brauns, des neben Heiner Müller und Peter Hacks wichtigsten Dramatikers der DDR, sind theatralische Vorschläge und gesellschaftliche Experimente zugleich. Er plädiert mit seinen Figuren für die maximale Ausnutzung der sozialistischen Möglichkeiten: für eine Gesellschaft, in der die freie Entwicklung jedes einzelnen die Bedingung für die freie Entwicklung aller ist. Wenn er dabei Konflikte zuspitzt und extreme Situationen wählt, so entspricht das der wirklichen Dramatik der »langsamen Revolution«; die härtesten Widersprüche mögen die produktivsten sein. Der ausgeprägt dialektische Zug der Stücke (»tragische Komödien« fast alle), die ganze Widersprüchlichkeit historischen Vorwärtsgehens zu fassen, bewirkt Ernüchterung und Durchsicht auf andere Zeiten. Gerade weil sie unproduktive, illusionäre Vorstellungen attackieren und von herkömmlichen dramaturgischen Strukturen abweichen, sind sie exemplarische Beiträge zum sozialistischen Theater.

Volker Braun
Stücke 2

Schmitten
Guevara oder Der Sonnenstaat
Großer Frieden
Simplex Deutsch

Suhrkamp

Umschlagbild: *Großer Frieden*
Aufführung im Berliner Ensemble
Foto: Vera Tenschert

suhrkamp taschenbuch 680
Erste Auflage 1981
Guevara oder Der Sonnenstaat © Suhrkamp Verlag
Frankfurt am Main 1977. *Schmitten, Großer Frieden, Simplex Deutsch* © 1981 Volker Braun. Sämtliche Aufführungs- und Senderechte für *Schmitten*
bei Volker Braun. Sämtliche Aufführungs- und
Senderechte für *Guevara oder Der Sonnenstaat*
beim Suhrkamp Verlag Frankfurt am Main, für
Großer Frieden und *Simplex Deutsch* beim Hen-
schelverlag Kunst und Gesellschaft, DDR-Berlin,
für die Bundesrepublik Deutschland, West-Berlin,
Österreich und die Schweiz vertreten durch Suhrkamp Theaterverlag, Frankfurt am Main. Suhrkamp Taschenbuch Verlag. Alle Rechte vorbehal-
ten, insbesondere das des öffentlichen Vortrags,
der Übertragung durch Rundfunk und Fernsehen
sowie der Übersetzung, auch einzelner Teile.
Satz: Georg Wagner, Nördlingen.
Druck: Nomos Verlagsgesellschaft, Baden-Baden.
Printed in Germany.
Umschlag nach Entwürfen von
Willy Fleckhaus und Rolf Staudt

Inhalt

Schmitten   7

Guevara oder Der Sonnenstaat   39

Großer Frieden   99

Simplex Deutsch   173

Schmitten

Personen

Schmitten · Dünne Frau · Krumme Frau · Dicke Frau · Heisere Frau · Ingenieur · Zwei Kinder · Kaderleiterin · Regisseur · Kameraleute · Alter Werkleiter · Kolb, Technischer Direktor · Zwei Weißkittel · Neuer Werkleiter · Sekretärin · Delegierte · Polizist · Zwei Amputierte · Schließerin

Dieselben Personen als Schulmeister, Goethe, Marx, Einstein, Buben und Mädchen

Dieses Natürliche, die Arbeit, das, was
Erst den Menschen zur Naturkraft macht, die Arbeit
Dieses wie schwimmen im Wasser, dieses wie essen das
   Fleisch
Dieses wie begatten, dieses wie singen
Es geriet in Verruf durch lange Jahrhunderte und
Zu unserer Zeit.[1]

Sie hatten nichts gelernt: man brauchte sie dumm
Wie sie waren. Dann war die Zeit herum

Holzplatz. Frauen. Schmitten. Ingenieur.

SCHMITTEN
   Der sagt es, und ich habe es gewußt
   Wenn das Werk steht, sind wir ausgerußt.
   Wer jetzt bleibt, bleibt nich wer er war.
   Der Lehrgang morgen bis nächstes Jahr.
   Frauen wehklagen.

INGENIEUR
   Da war ein Wehundach unter den Fraun
   Denn keine wollte sich die Sache traun.
   Die Schmitten sagte nur:

SCHMITTEN
                Ihr, seht es ein!
   Frauen unterschreiben.

INGENIEUR
   Und alle schrieben ihre Namen ein.
   Dann war an ihr die Reih.

SCHMITTEN
             Dazu bin ich zu dumm

INGENIEUR
   Sagte sie. Und es sprach sich herum.
   Frauen empört.
   Das Vorbild, Meister, Aktivist aus Versehn.

Jetzt war sie der Schädling.
Zur Schmitten:

                      Dann kannst du gehn.
Oder bis morgen kommst du zu Verstand.
Da stand sie da, den Kopf in der Hand.

Zeitungsschau

Schmitten hinter dem »Neuen Deutschland«. Vor ihr auf dem Boden zwei Kinder.

SCHMITTEN KOLLEGIN. KOLLEGIN SCHMITTEN. DIE MEISTERIN JUTTA SCHMITTEN. SIE LEBT FÜR IHRE ARBEIT. DIE SCHÖNE ARBEIT. GEHN SIE AN DIE ARBEIT. AUF DEM HOLZPLATZ ARBEITEN SCHÖNE FRAUEN, schwarz auf weiß. JUTTA MARIE ANNE-ELSE HELLA UND HELGA. ES GEHT VORWÄRTS. LESEN SIE. WAS WAREN SIE, SCHNEIDERIN. SCHNEI-DER SCHUSTER UND BÄCKER BAUN DAS KOMBINAT, SAGTE ER UND LACHTE STOLZ. HIER GEHT ES VORWÄRTS MIT IHNEN. EINE DIE ES BEGRIFFEN HAT: eure Mutter. Die es begriffen hat. AUF DICH IST VERLASS, SCHMITTEN. DIE FRAUEN WISSEN DOCH NICHT, WO SIE HINFASSEN SOLLEN. DIE BRAUCHEN EINE, DIES IHNEN ZEIGT. DIE MÜSSEN ANGEFASST WERDEN. DIE KOMMEN AUCH NUR HER, WEIL SIE WAS AUF DEM KERBHOLZ. DIE MEISTER FASSEN DIE FALSCH AN. DIE HABEN NUR DAS EINE IM KOPF. Das andre steht in der Zeitung. SIE KÖNNEN DOCH LESEN. ÜBERNEHMEN SIE DEN POSTEN. ES IST GANZ EINFACH. DAS SIEHST DU EIN. ÜBERNEHMEN SIE SICH BITTE. WIR STEHN HINTER DIR UND PASSEN AUF. SIND SIE EINVERSTANDEN. HEBEN SIE DIE HAND. WIR DANKEN IHNEN. JETZT LESEN SIE WEITER, KOLLEGIN. ES GEHT WEITER, SCHMITTEN. ES GEHT HIER VORWÄRTS. WAS HABEN SIE DENN GEDACHT. AUF DICH SIEHT MAN HIN. MIT DEINEN ZWEI KINDERN, das seid ihr, DAS DRITTE KRIEGST DU AUCH, das ist hier drin. JETZT FÄNGT DAS ERST AN MIT DIR. MEISTER, DAS HAT KONSEQUENZEN. JETZT MUSST DU MEHR LERNEN ALS DIE. WER A SAGT, JETZT WEHT EIN ANDERER WIND. LESEN SIE NICHT ZEITUNG, SCHMITTEN. *Preßt die Zeitung aufs Gesicht, verstummt. Knüllt aus der Zeitung eine Puppe.* Wer sagt, daß ich gemeint bin. Lacht sie aus!

Kinder lachen.

Glaubt ihr die Zeitung. Die Märchenstunde. Es war mal eine, die hat alles gemacht. In der Schule. In dem Betrieb. Die haben sie gefördert bis sie schwarz wird. Weil die eine Frau is. Wißt ihr, was ne Frau is? DEN FRAUEN ALLE CHANCEN. UNTERSTÜTZT DIE FRAU. FRAUEN IN DIE LEITUNG. Die hat alles gemacht, was sie sich nich traute. Die hatte immer Angst, am Morgen wenn ich aufsteh. Wenn ich in die Bude trete. Die hat das nich geschafft. Den Plan abrechn, ich war schweißgebadet. Zwei Jahre unter Wasser. Die geht in die Rote Tür: aber ich blieb draußen. *Schlägt die Zeitung nieder.* Die soll gehn. Die macht mich fertig. Die hab ich über. *Zündet die Zeitung an.* Von mir war nich die Rede.

Baracke 17

Frauen. Schmitten.

FRAUEN

Du hast uns hereingelegt, Schmitten
Jetzt is es heraus
Du hast geredet wie du mußt
Und uns hineingeritten
Jetzt sollen wir den Nischel vollernen mit Mathematik
Weil die aus Berechnung, und selber
Zieht die sich zurück in die Eierstöcke
Weil sie sich zu schad is.

SCHMITTEN

Ich sehs ein.

FRAUEN

Jetzt am Boden da
Siehst du alles ein, sobald einer dich
Hinlegt, zum Beispiel der Herr Diplom-
Bauleiter Kolb. Durch sein warmes

Bett statt diese Pritschen hier, wo du nachts wegbist, Schmit-
ten
Hat die sich ihren Posten
Erschlafen, und wir dachten, die is nur geil!

SCHMITTEN

Dachtet ihr das.

FRAUEN

Da is sie begabt für drei.
Hinter den Holzstapeln.
Mach deine Beine auf, Süße
Übung macht den Meister.
Lachen.
Wenn du scharf bist
Wirst du Aktivist.
Sei nich blöd, wenn du wieder dein Bauch
Anschaffst, kommste in die Zeitung.

SCHMITTEN

Ihr Schweine.

FRAUEN

Das hat gesessen. So eine is die
Und Schweine sagt sie.
Dein Kolb machen wir fertig, wenn der
Noch eine Schamlippe riskiert.
Werfen sich auf Schmitten.
Der wird einfach
Ausgenommen. Den muß man verwerten.
Bring Sie uns voran mit Ihrem Knüppel
Herr Kolb. Du mußt mich qualifizieren
Aber ohne Rechnen.
Von dem laß ich mich prüfen. Bin ich gut
Genosse. So ergehts dem.
Der kann was lern.

SCHMITTEN *befreit sich:*

Aber mich liebt er.

FRAUEN

Ja, wer hier lern wird

Sind nich wir.

SCHMITTEN
Mich liebt er.

DÜNNE FRAU
Ohne dich, Schmitten
Laß ich mich nich qualifiziern
Mitm Kopf
Wo ich nichts weiß wie du
Wir bleiben zusammen.
Umarmt sie.

Halbtotale

Kaderleiterin. Schmitten. Regisseur. Kameraleute.

REGISSEUR *stellt Schmitten in Positur:* So, junge Frau, Sie brauchen nur zu lachen, *macht es vor* mithilfe des Gesichts. Hier unterschreiben.

KADERLEITERIN *nimmt einen Rosenstrauß:* Der ist nicht echt, ist der.

REGISSEUR Das sieht man nicht. Damit was echt wirkt, darf es nicht echt sein. Der Realismus, das ist nämlich Kunst, da liegt der Haken. Erst muß es Film sein, dann wird es Leben. Papier, dann Leben. Schminke.

KADERLEITERIN Richtig. Erst das Beispiel, dann der Mensch, das ist die Folge.

REGISSEUR Oder so. *Zur Schmitten:* Ist Ihnen nicht gut?
Schmitten wird geschminkt.

KADERLEITERIN Doch doch. *Konspirativ:* Dazu ist es zu spät, Jutta. Du kannst den Film nicht platzen lassen. Du mußt den Kopf hinhalten. Du weißt, was für dich gut ist.

SCHMITTEN Ja.

KADERLEITERIN Gut ist, was allen nützt. Das ist die Wahrheit, die muß dir in Fleisch und Blut übergehn. *Greift sich in den Busen:* Hier, hier, das ist vielleicht nicht jung und schön, aber die

Wahrheit ist darin, das Bewußtsein. Das denkt den ganzen Tag für euch und überlegt sich was, denn dazu leb ich, und was tut ihr? Ihr lebt euch aus. Du hängst in den Gebüschen, ich frage nicht mit wem, obwohl alles planiert ist vor der Stadt und jeder sieht es. Und hast eine Wohnung, und Krippenplatz, die Partei macht alles, und was ist der Dank?

SCHMITTEN Der Dank?

KADERLEITERIN Wir drücken beide Augen zu, obwohl du wieder keinen Vater weißt, weil du nicht durchsiehst, und das Kind soll in den Film, weil wir dich unterstützen Tag und Nacht. Aber was nützt das Kind, wenn du die Arbeit hinwirfst? Wir sind blamiert, Jutta. Keine gute Tat, die man dir vorschlägt, die du gern tust. Weil du dir nichts denkst!

REGISSEUR Nu lach mal, Mädchen.

SCHMITTEN Ja ich – was soll ich denn denken? Ich arbeite. Das is genug gemacht. Wenn ich nur hör: mach das, und das, und verpflichte dich – was denn dann noch? Dann müßt mir das was geben.

KADERLEITERIN Bist du stur. Wir sind wie Kinder. Die Zeit ist jung, und also sind wir auch jung, wir müssen erzogen werden von heute bis als Veteran. Wir wachsen erst, ich glaub manchmal, ich bin noch nicht am Leben, es fängt erst irgendwann an! Wir sind nicht reif für die Zeit. Wenn wir den Staat nicht hätten, unsern Staat, wir wären wie dumm und hätten kein Bewußtsein.

SCHMITTEN Was soll denn anfang mit mir. Was verlangst du denn? Einmal muß doch gut sein, und einmal aufhörn, immer wachsen, der Mensch. Das steht mir bis hier. Die, denens schwerfällt und kommen nich mit, für die is es bloß Mühe. Und sind doch bloß dann die Letzten, nach der Angst wieder, die im Dreck stehn.

KADERLEITERIN Das sagst du? Das, wo du all den Fortschritt siehst herum, wo jeder seine Chance hat, alle gleich!

SCHMITTEN Ja, jeder, wenn er die Chancen – wenn ers könnt! Der is für den Fortschritt, wo er nur vorankommt. Aber da unten, aufm Holzplatz die, da frag einn, ob er froh wird in seim

Gemüt, bloß von dem Lern. Wir warn bei den Kapitalisten die Dummen, und jetzt in dem Fortschritt auch.

REGISSEUR Können wir?

KADERLEITERIN Jutta! du hast kein Bewußtsein, Jutta. Bewußtsein, das ist, wenn man bewußt lebt, das ist das Glück. Ich will doch dein Glück. Das ist dein Glück, wenn du unterschreibst. Bloß für den Film, du mußt nicht alles selbst lernen. Dann sehn wir weiter, hier das ist pro forma. Wir stehen hinter dir. Du bist das Beispiel, Jutta.

SCHMITTEN Ja. *Steht erschöpft.*

REGISSEUR Achtung Ruhe.

KADERLEITERIN *laut:* Unser Beispiel Jutta Schmitten.
Schmitten unterschreibt. Kaderleiterin gibt ihr den Strauß.

REGISSEUR So, das war sehr schön.

Rote Tür

Alter Werkleiter räumt während der Szene seine Orden aus dem Schreibtisch, legt sie an. Schmitten.

ALTER WERKLEITER Ich bin hier verantwortlich für tausend Leute und Ihre zehn Damen; wir hatten sie soweit, daß sie unterschrieben haben; wissen Sie, was ich mit Ihnen machen möchte? An die Wand haun.
Schmitten lacht.
Mit meinen Armen kann ichs nicht, sieh her:
Schlapp wie faule Äste seit ich in
Buchenwald am Baum gehangen hab
Aus Dummheit, ich weiß, weil wir uns 33
Dividieren ließen, Arbeiter
Durch Arbeiter, wo sollten wir es lernen.
Wir sind erst aus uns selber schlau geworden.
Ich kenn mich aus in Dummheit, sozusagen
Von der Pike auf. Wer etwas wissen wollte
Mußte es stehlen. Keine Lehrwerkstatt

Rein in den Streb, du Streber, guck dir ab
Bei den alten Hasen wie der Kohl fett wird
Die hielten die Erfahrung in den Zähnen
Fest aus Angst, daß du sie ihnen wegschnappst.
Oder Gewerkschaft: rot, gelb oder königstreu
Die reden viel, du wirst nicht klug daraus
Streik oder nicht, bis ihr zu Kreuze kriecht
Und seid die Dummen. Bis auf den Berg bei Weimar
Bin ich nicht aus dem Dorf herausgekommen
Das unter Tage lag, ein Leben als Wurm
Und 45 stehst du in der Sonne
Und sollst die Herrschaft antreten. Was weißt du
Prolet? daß du nichts weißt. Klügere als du
Wurden erschlagen, Stärkre gingen drauf
Was ist für deinesgleichen rausgesprungen
Seit du denken kannst? Du kannst nicht denken
Außer ans Überleben, aber leben
Wer weiß was das ist! Du weißt nicht einmal
Was ein Schacht ist: in die Luft gesprengt
Und unter Wasser und im Niemandsland
Die Amerikaner hinter der Mulde, die Russen
In Chemnitz, frei das Land noch und besetzt
Von Furcht Hunger Haß, die neue Zeit.
Da stehst du vor dem Tor und willst einfahren
Mit der Menge, wegsein in der Masse.
Aus, Genosse, ab in die Verwaltung
Im größten Sessel als das kleinste Licht
Wie willst du ändern, was du nicht begreifst
Die Welt, lern sie. Laß dich nicht unterdrücken
Von deiner Dummheit nach deiner Befreiung
Du bist so frei, du kannst dich nicht herausreden
Auf dein Startloch, seit die Toten dir
Die Bahn planiert haben mit ihren Knochen.
Und wenn schon sonst nichts, dann gib das Bewußtsein
Unserer Kraft, das du selber nicht hast
Gib es her! Mit fünfzig weiße Haare

Dreimal das Werk gewechselt, umgeschult
Den einen Kopf von Kohle auf Metall
Metall auf Plaste, Elektronik jetzt.
Gelernt mit Zahlen umgehn und mit In-
Tellektuellen und Parteibeschlüssen.
Mit dem letzten jetzt: räume den Stuhl
Das bessere Werk braucht den besseren Chef
Das mußt du lernen noch, Prolet, das Letzte.
Man lernt nie aus. Und diesen Rest an Dummheit
Daß du so wichtig bist, reiß dir aus
Dem Schädel in der neusten Zeit, die nicht
Über Leichen, aber über Leben geht.
Ich habe von m e i n e r Dummheit gesprochen. So alt bin ich
nicht, daß ich die nicht lerne, ich bin so frei, und wenn ich mir
selbst den Tritt geb in die Zukunft, die mich nicht mehr braucht
oder als lebendige Leich: sieh her. *Sieht an sich herab, lacht.*
Zieht die Jacke aus: Ich mach dir auch kein Kind mehr, das mir
ähnlich sieht. Ich bin nicht mehr zuständig für Ihren Fall, wie
Sie sehn. Ich habe Ihnen nichts mehr zu sagen.
Zieht die Jacke linksherum an, ab. Schmitten heult.

Die Kasuistik der elektrischen Betriebsunfälle zeigt die Schwie-
rigkeiten des denkenden Begreifens der neuen Realität Elektri-
zität ... Ebenso, wie in der Maschinerie das »Rädchen im
Getriebe« als Vermittler von Kraft- und Informationsflüssen
ersetzt wird durch zusehends flexiblere elektrische Schaltele-
mente, die vielfältiger determiniert sind und vielfältigere Deter-
minationen ausüben, ebenso wird Kooperation im Modus des
bloßen »Ich bin nur ein Rädchen im Getriebe« obsolet. Mit dem
Vordringen der Elektrotechnik funktioniert der Arbeitende
nicht mehr als Lückenbüßer unvollkommener mechanischer
Maschinerie, fungiert aber auch nicht mehr als simples Regel-
glied, das stupideste physische und geistige Routinearbeit leistet.[2]

Unwirkliche Szene

Kolb und Schmitten, stehn nackt voreinander.

KOLB

   Machst du den Lehrgang, sags.

SCHMITTEN

                            Machst du den Vater.

KOLB

   Da fragst du viel. Dann hätt ich auf einmal
   Drei, hab ich recht. Zurück zum Thema, Schmitten:
   streichelt sie
   Du mußt was leisten, nämlich wozu lebst du.
   Unterschreib.

SCHMITTEN

            Du kannst den Schwanz nicht einziehn
   Als wär nix. Du mußt auch etwas leisten.
   Auf dem privaten Sektor.

KOLB

                     Abgeschafft.
   Wenn du nicht unterschreiben willst, dann knallts.
   Da kannst du gleich den Kopf verlieren, Süße
   Gib ihn her.
   Legt ihren Kopf in die Aktentasche.

SCHMITTEN

            So kommst du nicht davon.
   Du sollst noch an mich denken. Fehlt dir was.
   Trennt sein Geschlecht ab.

KOLB

   So sollten wir nicht miteinander umgehn.

SCHMITTEN

   So offen, wie.

KOLB *springt vor Schmerz umher:*
            Offen ist gut gesagt.

SCHMITTEN

   Dann sag ich nix mehr.

KOLB

Und ich hab nichts gefragt.

Umarmt sie wild.

Petite mort

Kolb, aufgereckt. Schmitten zusammengesunken auf dem Stuhl.
Abseits Ingenieur.

INGENIEUR
Ungleiches Paar: von Braun. Nach der Natur
Der Gesellschaft. Im Bett sind sie sich gleich nur.
In die Tür.

KOLB Wie stehst du da, Franz?

INGENIEUR Direktor Kolb.

KOLB Bleib so stehen. Der Kopf in den Rippen, das Maul in der Backe. Ein Knecht.

INGENIEUR Du bist am Ziel. Dein Streben zahlt sich aus.

KOLB Ein Knecht der neuen Zeit. *Setzt sich vor ihn:* Dein Vorgesetzter.

INGENIEUR Ja, dich haben sie mir vorgesetzt, ich muß es aushalten. Ich halt viel aus.

KOLB Das ist nicht schwer: du mußt nicht dafür gradstehn. Aber ich. Wenn das die neue Zeit ist, Franz, wo wir so verschieden dastehn, dann überleg ich mir, wie ich mich damit steh. Hab ichs gewollt, Franz?
Kann ich an der Zeit drehn, sie dreht uns:
Im Kindergarten auf dem gleichen Stühlchen
Dann in der Schule auf einer Bank
Franz und Karl, und anders als bei Schiller
Aber der Vater Staat ist die Kanaille
Nämlich ich krieg den Posten, du stehst da.
Kommt Zeit kommen Räte, aber wer hat Zeit?
Erfolg ist Pflicht, du bist ein Pflichtverletzer
Leistung entscheidet. Wer nichts leistet taugt nichts

Für was wie Sozialismus oder wie die Zeit heißt
Hast Glück, daß ich dich kenn als keinen Feind.
Franz, wenn du mich fragst, ich kann nicht so stehn.
Da lern ich lieber ALGOL 60 rückwärts
Damit ich vorwärts komm, der Erste oder
Ich käm mir vor, Mensch, wie der letzte Dreck.
Ich wachse über mich hinaus dreimal
Im Planjahr, eh mir einer so kommt, und
Eh ich mir etwas sagen lasse, Junge
Sag ichs mir selber, dann hab ich das Sagen.

INGENIEUR Jetzt hast dus mir gesagt.

KOLB Ja, und du wirst darauf hören. Auf was, was gibts?

INGENIEUR *zeigt auf Schmitten:* Sag es dir selber.

KOLB Jutta Schmitten. Hast dus dir überlegt?

INGENIEUR Da redest du ins Leere – *tippt an seinen Kopf.* Die hast du nicht berechnet. Die Nacht ist dunkel, du hast dich verschätzt.

SCHMITTEN Mich seid ihr los hier.

KOLB Halt. *Verstellt ihr den Weg.* Hast du ein Rangdewu?

INGENIEUR Falsch programmiert, die Frau – auf Lust statt Last.

KOLB Sind wir dir nicht genug, wo willst du hin?

INGENIEUR *hält sie:* Verzettle dich nicht, du überziehst den Zeitfonds.

KOLB Sie muß zum Doktor. Sie will die Pille nehmen.

INGENIEUR Dann wird sie doch noch klug.

KOLB Sonst machen wir den Dummen.

SCHMITTEN Ach seid ihr dumm.

INGENIEUR Bring uns etwas bei.
Ziehen Schmitten auf den Tisch, sie lacht.

SCHMITTEN Zu zweit, ihr Tiere.

KOLB Willst du es zu dritt.

SCHMITTEN Dir schick ich noch mal drei.

KOLB Von deinen Frauen. Jetzt wird sie zugänglich.

INGENIEUR Die Frauen bist du los, Schmitten, wenn du nicht lernst.

SCHMITTEN Das geht in mein Kopf nich rein.

KOLB Muß es der Kopf sein. Was hast du. Hast du Schiß Angst
Bammel. Der Meister muß das meiste müssen, ja. Wer sagt,
daß du es mußt.

SCHMITTEN Du nich?

KOLB Das kann keiner befehln, was einer nicht will.

INGENIEUR Sie will was andres.

KOLB Man wird doch eine Arbeit finden, für die es langt bei dir,
das muß dann langen. Ich schenk es dir.

Schmitten starrt ihn an.

INGENIEUR Weil du sie liebst, Mann.

KOLB *umarmt Schmitten:* Ich helf dir aus der Klemme, wie. Den
Fehler mach ich, für dich ist er richtig.

Schmitten wird schlecht, sinkt an seine Brust.

Kein Dank, Fräulein.

INGENIEUR Tolles Weib. Die setzt den Kopf durch.

Gelernt: den Mund zu halten im Akkord
Arsch an die Wand. Aber die Wände fallen.
Die schweigende Mehrheit die herrschende Klasse
Die Zukunft eins mal eins und Wort für Wort

1

*Kantine. Frauen und zwei Weißkittel sitzen sich lange schweigend
gegenüber.*

EIN WEISSKITTEL *nimmt das Haarnetz der dünnen Frau, mit hoher
Stimme:* Komm mir nich so, Helga. Mit mir nich, verstehst du.
Man will ja hier seine Sicherheit, Kollegin. Sonst kommt man
ja aus dem Denken nich raus. Sonst müßt ich mir ja selbst
abreißen, wie ein Abreißkalender. Wo dich das Werk durch
den Wolf dreht, acht Stunden und dein Kopf läuft im Kreis und
dankt Gott, daß er den Bogen raushat. Das Leben is aber kurz!
Ich hab es nur einmal in meine Verfügung. Ich lebe wie
Salomo,
Der auf seinem Stuhle saß
Und ein Stückchen Käse aß.

Frauen lachen widerwillig.

Die Jahre vergehn, und dann schon wieder was Neuen. Ein Leben, und du weißt nich mehr, was du bist. Da bin ich mich zu schad. Ich leb mich schon s o nich aus!

Lebe glücklich werde alt

Bis die Welt in Stücke knallt.

ZWEITER WEISSKITTEL Du hast zu lang drüber nachgedacht, Erna. Du bist mit dem Betrieb verheiratet und hast kein Gefühl mehr für ihn, Erna. Du weißt nicht mehr was schön ist, Erna.

ERSTER WEISSKITTEL Das weiß ich wohl. Aber den Mann – kann ich auch nich wechseln wie ne Produktion.

ZWEITER WEISSKITTEL Da hört man andres, Erna.

ERSTER WEISSKITTEL Was is denn schön, Helga?

ZWEITER WEISSKITTEL Das weißt du nicht. Dazu bist du zu dumm, Erna.

ERSTER WEISSKITTEL Du kennst mich doch gar nich! Ja, hier von Betrieb – hier zeig ich doch nich, was ich kann.

ZWEITER WEISSKITTEL Wieso denn, Erna.

ERSTER WEISSKITTEL Ach, ja da is bloß die Arbeit.

ZWEITER WEISSKITTEL Und die macht dich nicht scharf, Erna?

ERSTER WEISSKITTEL *spuckt:* Alles reizlos.

Frauen lachen.

ZWEITER WEISSKITTEL Dann wechsle sie doch mal – die Arbeit, wenn sie dir nicht gefällt – die Arbeit, wenn sie dich nicht befriedigt – die Arbeit –

ERSTER WEISSKITTEL Du meinst, das kann ich tun?

ZWEITER WEISSKITTEL Unterschreib!

FRAUEN Nein! Nein!

FRAUEN Ja!

ERSTER WEISSKITTEL Noch wer? *Nimmt das Kopftuch der dicken Frau.*

ZWEITER WEISSKITTEL Frauenförderung. Du kommst dazu wie die Jungfrau zum Posten.

DÜNNE FRAU Wo is Schmitten.

DICKE FRAU Wo. Die macht krank.

HEISERE FRAU Ja. Die is schlau.

2

Kantine. Frauen. Neuer Werkleiter.

NEUER WERKLEITER

Ich bin der Neue in der Roten Tür.
Keine Umarmung – ich hab das Werk am Hals.
Wer will ein Bier? Ich kann alleine trinken
zum Getränkeautomaten
Vorläufig. Was ist das? Meine Damen
Ein Automat. Das interessiert euch nicht
Folglich, ihr interessiert ihn auch nicht. Schicksal.
Steckt Geld hinein.
Aber jetzt rede ich mit ihm – was macht er?
Er überlegt. Er antwortet: ein Bier.
Der Automat ist klug, die Antwort schmeckt mir.
Bei den Maschinen gibt es dumme, kluge
Und kaputte, siehe Halle 3
Ich weiß Bescheid. Aber ich geh hier baden
Wenns euch nicht interessiert. Nämlich ihr
Könnt mich verrecken lassen mit der Weisheit.
Zweites Bier.
Ein Kumpel – wenn ihr ihn bedient. Liest dir
Den Wunsch vom Finger ab, wenn dus gelernt hast.
Hat ein Gehirn, er denkt, gleich eingebaut.
Der lebt für dich, man muß es bloß mal wissen.
Wer will mit dem Kollegen? Also ich.
Drittes Bier.
Der hat eine Natur, schon ideal.
Denkt, aber nicht an sich, der denkt an nichts als
An das Programm, ist programmiert. Compris?
Wo gibts das außer in der Technik? Nirgends.
Viertes Bier.
Der Mensch muß die Technik meistern: Stalin. Prost.
Wie komm ich jetzt auf Stalin? Die Maschine
Die alles denkt – das heißt dann Apparat
Das ist ein andres Ding mit seiner Sprache

Und Regelungen undsoweiter, alles
Eingebaut, und was d e r hier an Watt frißt
Frißt der an Disziplin dir aus dem Hemd
Das Protokoll, heißt die Gebrauchsanweisung
Die kriegst du mitgeliefert, lieber Kunde.
Hält das fünfte Bier:
Jetzt wird es Arbeit. Überzeugungsarbeit.
Aber der Kuli kann sich optimieren
Wir müssen zusehn, daß wir ihm das Wasser
Reichen können, beziehungsweise das Öl.
Er läßt nicht jede ran! Er rechnet aus
Ob jemand zu ihm paßt – wo wir bloß raten.
Er sieht nicht nur die Nase: die Struktur.
Umarmt den Automaten.
Das ist die wahre Liebe. Was seht ihr
Bei euerm Mann?

DICKE FRAU

           Das kann man gar nicht sagen.

NEUER WERKLEITER

Wir überlegen nichts. Was frag ich euch?
Alte Weiber. Blöde Weiber. Ha.
Reißt den Automaten los. Frauen flüchten an die Wand.
Mich haben sie am Arsch. Ich bin der Dumme.
Ihr laßt mich hängen und ich kann mich hängen
Oder ich werf euch raus, alles entlassen!
Zur Bau-Union, die Hühner, in den Dreck
Wo sie waren, in den Schlamm die Schnecken!

HEISERE FRAU Jetzt ists genug, Chef.

NEUER WERKLEITER *verbeugt sich:* Genug. *Ab.*

Schonung

Schmitten. Dünne Frau.

DÜNNE FRAU Ich mach, was du machst.

SCHMITTEN Ja. Das is nich schlau.
Schweigen.
Die Bäume, ich muß lachen. In Reih und Glied. Wie ein Feld.
Das blüht alles nach Plan. Die haben sie auch erzogen.

DÜNNE FRAU Eben Wald.

SCHMITTEN Da hab ich lieber Gras, und Himmel, und das verschwind auch. Von der vielen Arbeit, in tausend Jahren mal, is alles Gras weg. Die kriegen den Planet noch glatt.

DÜNNE FRAU Du denkst was.

SCHMITTEN Die Wolken auch. Heute Kugeln, morgen Quadrat. Es is nur lernen.

DÜNNE FRAU Du drehst auf!

SCHMITTEN Ob man es dem Kind – ansieht, von wem es is? Daß sie uns so ähnlich sehn, das sollt man nich glauben. Ich hab im Fernsehn gesehn, daß wir das – schon in uns haben, wie wir aussehn, in den Zellen, das nennt man –
Lachen.
Da is so – wie eine Schrift drin und alle . . . informieren sich gegenseitig, daß sie miteinander – Wenn man die . . . Zellen herauslöst, also, allein – vergessen die völlig ihre, ihre – Ich kanns nich erklären.

DÜNNE FRAU Mensch, bist du klug.

SCHMITTEN Und das, das alles bewegt sich drin, und wir spürens nich. Aber was geschieht bewußt? Ich mein, was tun wir selber dazu? *Hält ihren Leib.* Ich mein, im Vergleich zur Natur und so! Was da alles noch rauskommt, was mit uns is. Allein in einem Menschen.

DÜNNE FRAU Du drehst noch durch. Der soll dich heiraten.

SCHMITTEN Mich.

DÜNNE FRAU Der solls bereuen. Wir lauern dem auf.

SCHMITTEN Laßt den in Frieden, du!

Schweigen.
DÜNNE FRAU Ich mach, was du machst.

Grüner Tisch

Kaderleiterin. Kolb. Sekretärin.

KADERLEITERIN Meine Meinung: die ist feig, die ist faul, die ist
stolz. Die will sichs leicht machen. Weil sie die Schmitten ist.
Aber jeder ist auch Mensch und muß es können. Sonst kann ich
ihn gleich ablehnen. Sonst kann er gleich Staub wischen im
Büro.
Sekretärin steht auf, setzt sich stumm wieder.
KOLB So kannst du nicht mit Menschen umgehn. Nicht mit jedem.
Für einen ists Sport, für die ists Quälerei. Von einer Wiese,
verlang ich kein Korn. Darf sie nicht grün sein? Die ist eben
dumm. Da fehlt ihr was, hier oben. Im Grund ein armes Tier.
Hilf ihr da raus.
Sekretärin steht wieder auf.
KADERLEITERIN Fehlt Ihnen was, Frau Sommer. Sie ist neu. Reden
Sie.
SEKRETÄRIN *schweigt, dann förmlich:* Ja. Wird es regnen. Der
Himmel scheint so trüb.
KADERLEITERIN Regen, wieso.
SEKRETÄRIN Union, hat wieder verloren. Aber Dynamo, die sind
in Schuß.
KOLB Ich geh nicht zum Fußball.
SEKRETÄRIN Hm, Genossen. Essen Sie gern Käse?
Langsam ab. Kolb und Kaderleiterin sehn voneinander weg.
KADERLEITERIN Das ist unerhört.

Und als wir Gleiche wurden Mensch und Mensch
Kam es heraus: wir sind die Gleichen nicht

Schmitten. Ihre Kinder.

SCHMITTEN Wollt ihr dumm bleiben wie ich? Wir lern. Ihr habt die
Zahlen, ich hab das Buch. ELEKTRONIK. Ihr rechnet, aber
richtig; wo ihr nämlich Fehler macht, seid ihr dumm. Und wer
dumm is, wird dafür verkauft. Und den Letzten beißen die
Hunde. Ich muß das bringen.
Kinder rechnen an der Wand. Schmitten liest.

Ich denke ich ertrinke. Das
Wird mich ersäufen, steck ich erst den Kopf rein
Ein Meer seit Menschen denken
Das steigt und steigt. Hab ich schwimmen gelernt.
Wasser im Hals und Wasser in den Augen.
Bin ich Jesus der auf Teichen läuft
Die Wissenschaft für Fische die sich selber
Am Haken halten den das Wasser hat
Für den, ders versteht. Die klugen Leute
Halten sich strampelnd oben, die Erfinder
In der Flut die sie erfinden, stoßen
Sich gesund, die andern sacken ab
Von ihren Füßen auf den Grund getreten.
Ich weiß was i c h kann. Ich gehe zugrund
Wenn ich hier einsteig, und ich seh den Grund
Der eine kann es und der andre nicht
Der kleine Unterschied der große Beschiß
An der Gattung die nach Gleichheit schwitzt
Held und Versager brüderlich getrennt:
Der lacht sich krank und der verblutet stumm.
Das sägt am Kollektiv mit seiner Feile
Und reißt den Kommunismus auseinander
Der feine Schmerz der dir den Schädel sprengt
Und foltert das Bewußtsein, so du hast

' Besser du hast keins, wenn du nicht begabt bist.
Da hilf dir selbst, vor lauter Hilfe hilflos.
Hättst du dich rausgehalten: jetzt im Strudel
Du kommst nicht mehr aufs Trockne, schwitz dir Kiemen.
Die neue Zeit die Zeit der neuen Leiden
Und neue Freuden als der Leistungslohn.
Die Unterdrückten von der eignen Schwäche
Die Sieger über sich auf den Plakaten
Und Kain erschlägt Abel mit der Formel
Der Dumme ist der Sklave unterm Fels
Der Pyramiden oder wie der Staat heißt[3]

SCHMITTEN Habt ihrs?
DIE KINDER *zeigen an die Wand:* Richtig, richtig, richtig!
SCHMITTEN *legt das Buch weg:* Ich begreifs nich.

Als ich das erstemal den Einsiedel in der Bibel lesen sahe, konnte
ich mir nicht einbilden, mit wem er doch ein solch heimlich und
meinem Bedünken nach sehr ernstlich Gespräch haben müßte.
Ich sahe wohl die Bewegung seiner Lippen, hingegen aber
niemand, der mit ihm redet, und ob ich zwar nichts vom Lesen
und Schreiben gewußt, so merkte ich doch an seinen Augen, daß
ers mit etwas in selbigem Buch zu tun hatte. Ich gab Achtung auf
das Buch, und nachdem er solches beigelegt, machte ich mich
darhinter, schlugs auf und bekam im ersten Griff das erste
Kapitel des Hiobs und die davorstehende Figur, so ein feiner
Holzschnitt und schön illuminiert war, in die Augen. Ich fragte
dieselbige Bilder seltsame und meinem simplen Verstand nach
ganz ungereimte Sachen. Weil mir aber keine Antwort widerfah-
ren wollte, ward ich ungeduldig und sagte eben, als der Einsiedel
hinter mich schlich: »Ihr kleine Hudler, habt ihr dann keine
Mäuler mehr? habt ihr nicht allererst mit meinem Vater (dann
also mußte ich den Einsiedel nennen) lang genug schwätzen
können? . . .« . . .
Der Einsiedel mußte wider seinen Willen und Gewohnheit

lachen und sagte: »Liebes Kind, diese Bilder können nicht reden. Was aber ihr Tun und Wesen sei, kann ich aus diesen schwarzen Linien sehen, welches man lesen nennet, und wann ich dergestalt lese, so hältest du davor, ich rede mit den Bildern, so aber nichts ist.« Ich antwortete: »Wann ich ein Mensch bin wie du, so müßte ich auch an denen schwarzen Zeilen können sehen, was du kannst. Wie soll ich mich in dein Gespräch richten? Lieber Vater, bericht mich doch eigentlich, wie ich die Sache verstehen solle?« Darauf sagte er: »Nun wohlan, mein Sohn! Ich will dich lehren, daß du so wohl als ich mit diesen Bildern wirst reden können. Allein wird es Zeit brauchen, in welcher ich Geduld und du Fleiß anzulegen.« Demnach schriebe er mir ein Alphabet auf birkene Rinden, nach dem Druck formiert; und als ich die Buchstaben kennete, lernete ich buchstabieren, folgends lesen, und endlich besser schreiben, als es der Einsiedel selber konnte, weil ich alles den Druck nachmalet.[4]

Alptraum oder Die Tradition aller toten Geschlechter

Schulzimmer. Schulmeister, in preußischer Uniform, mit erhobenem Rohrstock. Buben knien, den Kopf geduckt. Goethe skandiert Fausts Monolog EIN SUMPF ZIEHT AM GEBIRGE HIN. *Marx liest aus dem* KAPITAL: DIE TRINITARISCHE FORMEL. *Einstein nuschelt die* ALLGEMEINE RELATIVITÄTSTHEORIE. *Mädchen, abgesondert, stricken ihre Kleider über dem Kopf zu, plappern Kinderreime.* EROICA.

SCHULMEISTER Freßt das, ihr Idioten.
  Läßt die Buben Papier fressen.
  Was hast du, Bub.
EIN BUB Es kratzt, Herr Lehrer.
SCHULMEISTER Die Glocke? Das Manifest? Die Algebra?
  Der Bub würgt, erbricht sich.
  Wie sprichst du unsere deutsche Sprache? Ich werd dich lehren.

Legt den Bub übers Knie, drischt ihn. Die andern Buben springen zu den Mädchen, rammeln sie.

Mich dünkt, Erziehung kann nichts vorstellen als die Veranstaltung eines Staates, seiner gesamten Jugend einerlei Grundsätze einzuflößen, sie auf einen herrschenden Geist zu stimmen, ihre Leibes- und Geisteskräfte und ihre Neigung nur auf diejenige Tätigkeit zu richten, die den vorgesetzten Zweck der Staatsverfassung bewirken kann, alle andere mögliche Ausbildung derselben aber nicht zum Augenmerk zu haben. Stillgestanden! Ab in den Krieg!

Buben marschieren ab.

Der Mensch ist das einzige Geschöpf, das erzogen werden muß. Unter der Erziehung nämlich verstehen wir die Wartung, Disziplin und Unterweisung nebst der Bildung. Disziplin oder Zucht ändert die Tierheit in die Menschheit um. Disziplin verhütet, daß der Mensch, indem er roh auf die Welt kommt, nicht durch seine tierischen Antriebe von der Menschheit abweiche. Der Mensch ist nichts, als was die Erziehung aus ihm macht. Es ist zu bemerken, daß der Mensch nur durch Menschen erzogen wird, durch Menschen, die ebenfalls erzogen sind –

Mädchen kichern.

In die Ecke! In die Ecke! In die Ecke der Geschichte!

Mädchen zwängen sich in die Ecke.

EIN MÄDCHEN Ich spiel nicht mit, ich spiel nicht mit, ich spiel nicht mit.

SCHULMEISTER Jutta Schmitten. Natürlich, wußt ichs doch.

Faßt sie am Wollfaden, dreht sie wie einen Kreisel: mit dem Rohrstock, ihr Kleid trieselt auf. Buben zurück, blutig, etliche Gliedmaßen und Köpfe fehlen. Lachen Schmitten aus. Langer Kanonendonner. Stille.

ZWEITER BUB Herr Lehrer, hier stinkts!

Das Schulzimmer klappt zusammen.

Feier

1
Vor dem Kulturhaus. Kolb. Schmitten.

SCHMITTEN
  Kriegst du en Orden, für das neue Werk.
KOLB
  Ich fürchte: ja.
SCHMITTEN
                Nimmst du mich mit hinein.
KOLB
  Was hast du davon. Reden und Gesaufe.
  Die setzen mich in die erste Reihe oder
  Hoch ins Präsidium.
SCHMITTEN
                Schämst du dich mit mir.
  Ich sehs mir an.
KOLB
                Das wirst du bleibenlassen.
  Die werden denken, du willst provozieren.
SCHMITTEN
  Die denken viel, was du ihnen nich sagst
  Oder die Zeitung, drum sind wir groß im Denken.
  Ich denke mir, du hast mich über. Sags.
DELEGIERTE *bleiben stehn:*
  Die Schmitten und der Technische Direktor.
  Da hat er sich vergriffen. Die sich an ihm.
  Ist das deine, Karl?
  Kolb lacht verneinend.
                Die kennt nicht mein und dein.
  Ich halt dir einen Platz, Karl, am Buffet.
  Delegierte ab.
KOLB
  Eh ichs vergesse: du kannst deine Arbeit
  Weitermachen, bei der Bau-Union.

Ich habe mir die Zunge wundgeredet
In der Kaderleitung.

SCHMITTEN

Is mir recht.
Deine Scheißfeier will ich sehn, von innen.
Wo sie den Sekt trinken, das Leitungswasser.
Wo du den Held machst, für die Delegierten.
Kolb schlägt sie auf den Mund.

KOLB

Ich komm zu dir, gleich wenn der Schmus vorbei ist.
Dann feiern wir. Hast du was Schnaps im Haus?

2

Schmitten, dünne Frau, krumme Frau, auf dem Bett, trinken
Schnaps, umhalsen Kolb. ROCKMUSIK.

FRAUEN

Der HELD DER ARBEIT.
Laß mal sehn die Brosche. Die glänzt.
Die steht ihm. Feiner Mann.

KOLB

Schick die beiden weg.

SCHMITTEN

Von wem redst du.
Du bist betrunken, du
Siehst nich durch.
Ich bin allein und hab Lust
Für drei, aber er s i e h t drei.
Das ist ein Held.

KOLB *lacht:*

Was wollt ihr.

SCHMITTEN, FRAUEN *ziehen ihn aus:*

Jetzt kriegt ers mit der Angst.
Jetzt soll er zeigen was er kann.
Weil er immer redet redet
HÖHER SCHNELLER WEITER.

Mit dem stehts schlecht.
Der is noch nich so weit
Der muß sichs überlegen, mit der Arbeit.
Nee, der is ausgezeichnet.
Hast du dich nich verpflichtet
Dein BESTES ZU GEBEN. Wo is es, Mensch.
Er kanns nich für drei, er schafft es nich
Er leistet nich genug
Aber wir brauchens.

KOLB *lacht:*

Laßt mich los.
Wehrt sich. Sie binden ihn ans Bett.

SCHMITTEN, FRAUEN

Jetzt steig nich aus, Kollege
ALLE BRAUCHEN DICH! Wir brauchen deine Leistung
Verpflichte dich, uns zu befriedigen, Kollege
AUF DEM WELTNIVEAU
AUF DEM STEIGENDEN NIVEAU
ES IS EINE NOTWENDIGKEIT, die Befriedigung
Von unsere Bedürfnisse
DER STÄNDIG WACHSENDEN BEDÜRFNISSE.

KOLB

Zu dritt, ihr Säue.

SCHMITTEN, FRAUEN

Ich bin allein, aber ich
Verlang nun mal was
Ich will Leistung sehn.
Jetzt mach nich schlapp
Wo sich die Mehrheit entschieden hat
Wo wir uns durchgerungen haben
Weils in der Zeitung steht steht
In der Zeitung stehts, und bei dir?
Da kannste nich mit, wie.
Das stehste nich durch, Genosse
Wenn wir loslegen
Wenn wir aus uns rausgehn mit UNSERN ELAN

Und uns EINSETZEN FÜR DIE SACHE FÜR DIE SACHE
ALLES FÜR DIE SACHE.
Für die Sache geb ich mein letztes Hemde.
VORWÄRTS ZU NEUE ERFOLGEN
UND WIEDER EINE RUHMREICHE SCHLACHT GESCHLAGEN
MEHR VERTRAUEN ZU DIE UNTEREN ORGANE
JUGEND VORAN.
Was is denn los mit dem
Er is doch sonst obenauf.
Ein Aktivist der späten Stunde.
Er will nich mitziehn mit der Mehrheit
DER SCHLIESST SICH AUS VON KOLLEKTIV
DER SABOTEUR, DER REAKTIONÄR
Der hat sein Bewußtsein verloren
Der is ohne Bewußtsein!
Wo wir Überzeugung verlang.
WIR ÜBERZEUGEN IHN
JEDER NACH SEIN FÄHIGKEITEN
JEDEM NACH SEINER LEISTUNG
Der kriegt seine Lektion, die er behält
Mit alle verfügbaren Mittel
Mit die verfügbaren Mittel.
Verstümmeln sein Geschlecht. Er schreit.
So das war genug. Das reicht.
Jetzt hat ers.
Der blut.
Mach dein Mund zu oder du erstickst.
Sei doch still Mensch!
Der blut wie ein Schwein.
Halt ihms Maul zu.
Das hab ich nich gewollt.
Wasn jetzt.
Jetzt haun wir ab.
Zun Doktor.
Sau, Schmitten.
Jetzt krieg ich Angst.

Drei Frauen, den Mond betrachtend

Schlamm. Mond. Schmitten. Dünne Frau. Krumme Frau.

KRUMME FRAU *zur Schmitten:* Du kommst mit, zur Polente.
  Kampf im Schlamm.
SCHMITTEN Freut euch! Seid lustig. Wer will was? Wir könn auch
  was. Wir sind stark. Wir müssen nix. Das Leben! Wir machen
  was wir wollen. Wir tanzen!
DÜNNE FRAU *entsetzt:* Wer bist du.
SCHMITTEN Jetzt kennt mich keiner mehr. Wie heiß ich? VORBILD
  VERBRECHER. Ich kann auch mitkommen. *Lacht.*

Ich bin Jutta Schmitten, dreißig Jahr drei Monate sechs Tage. /
Ich bin Zuschauer. / Ich seh mir zu. / Das ist ein authentischer
Fall. / Ich hab nicht gelernt mir zusehn. / Ich habe keine Zeit. /
Ich laufe wie eine Maschine auf der Großbaustelle zwischen
den Holzhaufen. Ich kann nicht aus meiner Haut. Ich laufe an
mir vorbei und seh mich nicht. / Das ist nicht mein Fall. / Ich
starre auf die Bühne, wo ich laufe und auf mich starre und mich
nicht sehe. / Das ist nicht meine Haut. / Paßt, Kollege. / Wir
sind gleich. Alles gehört allen. / Was ist alles. Was ist gleich. /
Was ist das für eine Haut. / Das ist die Kruste über dem Fleisch.
Das Fleisch wird durch den Wolf gedreht, durch die Mühle. /
Was hat das mit mir zu tun. / Dieses wie arbeiten. Dieses wie
essen. Dieses wie begatten. Dieses wie singen. / Was will ich in
dieser Haut dieser Narbe dieser Kruste. Das will ich nicht sehn.
/ Aus diesem riesigen Panzer steigen in eine eigene Haut. Ein
Meter siebzig: wie ein Leib, wie ein Grab. / Das bringt mich
nicht um. / Mich selber sehn durch die Haut: jetzt bin ich das
Letzte. Jetzt bin ich der Anfang. Jetzt bring ich mich um mit
einem Messer in einem fremden Körper der schreit
Schrei Kolbs.
Jetzt ist es vorbei. Jetzt kann ich mir zusehn.[5]

Regen. Sie sitzen stumm.

FRAUEN Mach nich so ne Szene.
SCHMITTEN Okay.

Kommentar des Tages

Kaderleiterin. Neuer Werkleiter. Polizist.

KADERLEITERIN *streicht in einer Liste durch:* Anne-Else Dorn. Marie Sommerlatte. Jutta Schmitten. Das ist nicht kriminell, gibts bei uns nicht. Das ist der Klassenfeind. Das ist der Einfluß, das sind die Rudimente. Das ist das beste Beispiel. Unser Beispiel. Das muß man auswerten, im Kreismaßstab.

Aktuelle Kamera

Krankenzimmer. In den Betten Kolb, zwei Amputierte. Film: Kolbs Auszeichnung als Held der Arbeit.

KOLB *im Fieber:* Das bin ich, der Held. Ein ganzer Mann, was.
EIN AMPUTIERTER Hä?
KOLB Jetzt, jetzt krieg ich den Orden. Jetzt steh ich oben, Mensch. Ich bin der Größte.
ZWEITER AMPUTIERTER Was willer.
KOLB *panisch:* Nein! Nicht aufn Mond. Ich laß mich nicht verschießen, nicht ins All. Da ist leer.
ERSTER AMPUTIERTER Der spinnt.
ZWEITER AMPUTIERTER Das isses Fieber.
AMPUTIERTE *singen zweistimmig:*
    Was wolln wir auf den Abend tun?
    Schlafen wolln wir gahn.
    Schlafen gahn ist wohlgetan
    Jungfrau, willst du mit uns gahn.
    Lachen.
    Schlafen wolln wir gahn.

Knast

Schmitten. Schließerin.

SCHMITTEN

Entgraten mit der Feile, ohne mich.
Da kann ich aufn Platz, Bretter entnageln.

SCHLIESSERIN

Das führn wir nicht. Die Plaste braucht die Leute
Bei jeder Amnestie wankt die Chemie.

SCHMITTEN

Das is nich mein Problem, ich will was lern.
Und wenn schon Knast, dann Schule.

SCHLIESSERIN

                                        Sagst du Schule.
Jetzt hast du Urlaub. Jetzt laß fünfe grad sein.

SCHMITTEN

Ich hab ein Recht auf Bildung, laut Verfassung
Du haftest mir dafür.

SCHLIESSERIN

                      Du bist ne Nummer.

SCHMITTEN

Wann seh ich meine Kinder, nämlich drei.
Was sagste dann, wenn die gelehrt sind, Mutter.

SCHLIESSERIN

Das hat Zeit. Sechs Jahre. Jetzt geh pennen.

SCHMITTEN

Die Zeit vergeht, ich will mich nich mehr kennen.

1 Brecht. Tonband, alle Stimmen
2 Entwicklung der Arbeit, Berlin 1978. Tonband, Stimme Neuer
  Werkleiter
3 Tonband, Stimme Schmitten
4 Grimmelshausen. Tonband, Stimme Kind
5 Tonband, mehrere Stimmen

Guevara
oder Der Sonnenstaat

Personen

Guevara · Prado, Ranger · Selnich, Oberst · Urbano, Pablito,
Camba, El Medico, Chapaco, Marcos – Guerilleros · Alte
Bäuerin · Inti, Guerillero · Rodas, Bauer · Sein Sohn ·
Rolando, Guerillo · Bauern · Ein Lehrer · Tania · Miguel,
Joaquin, Braulio – Guerilleros · Major · Zwei Soldaten · Monje,
Parteisekretär · Freund · Kinder
Bumholdt, Archäologe · Bedray, Philosoph

*Alle Szenen der rückläufigen Chronik, außer der letzten in
Havanna, spielen nachts oder in der Dämmerung, die Zwischen-
spiele in der gleißenden Helle des Tropentags. Guevara und die
andern Toten erheben sich jeder vor seiner ersten Szene vom
Podest und betreten die Bühne.*

*In der Mitte des Zuschauerraums oder vor der Bühne ein flaches
schwarzes Podest. Darauf liegen Guerilleros und Soldaten, in den
Stellungen des Todes. Durch ein Loch in der Decke, das der
Öffnung einer Grube gleicht, fällt der blutige, halbverbrannte
Leichnam Guevaras herab, die Öffnung schließt sich.*

Zwischenspiel

*Postkartenbunte Andenkulisse. Bumholdt kratzt mit dem Spaten
in der Erde. Bedray sieht durch den Feldstecher in die Ferne. Beide
in der Kleidung des Publikums.*

BEDRAY Ich sehe nichts.

BUMHOLDT *hält inne, starrt in den Boden:* Es muß tiefer liegen.
Kratzt. Der Boden hat es zugedeckt. Verschluckt. Unser aller
Schicksal. *Hält inne.* Obwohl man sagen könnte, wir stehen im
allgemeinen einen bis anderthalb Meter über dem Niveau der
Inkas. *Lächelt breit, wird wieder ernst, streckt eine Hand vor:*
Also etwa so hoch – *ändert die Höhe* so hoch wird die
Menschheit in den nächsten fünfhundert Jahren kommen.

BEDRAY Hallo, haben Sie niemanden gesehen?
Bumholdt blickt unwillig zu ihm hin.
Haben Sie keinen Guerillero gesehn?

BUMHOLDT *nimmt einen Film aus der Kameratasche, betrachtet die
Bilder:* Ich habe keinen Menschen gesehn.

BEDRAY *versucht, einen großen Stein zu erklimmen:* Man müßte
höher stehn. Helfen Sie mir.

BUMHOLDT *gräbt:* Sie können mich Hugo nennen. Hugo Bumholdt.

BEDRAY Denis . . . *rutscht Bedray. Hält sich mit letzter Kraft. Sehr
ruhig:* Also helfen Sie mir?

BUMHOLDT Wobei?

BEDRAY Hinaufzukommen.

BUMHOLDT *sieht ihm zu:* Aber Sie kommen doch herab.

BEDRAY Es sieht so aus. In Wirklichkeit bin ich dabei, hinaufzu-
steigen.

BUMHOLDT Ich verstehe nicht, Denis.

BEDRAY Stellen Sie den Spaten unter meinen Fuß.

BUMHOLDT Jetzt? *Macht es.*

BEDRAY Danke, Hugo. Das war die Rettung. *Sieht durch den
Feldstecher.*

BUMHOLDT Also etwa an der Sohle Ihres Fußes werden die
Straßen verlaufen, und dennoch bleiben die Straßen der Inkas
ein unerreichtes Muster. Die Spanier staunten nicht schlecht –
Sieht zu Bedray auf: Was machen Sie da?

BEDRAY Ich halte Ausschau.

BUMHOLDT In die Ferne?

BEDRAY Sehen Sie eine andere Möglichkeit?

BUMHOLDT Im Moment nicht.

BEDRAY Sehen Sie.

BUMHOLDT *gereizt:* Sehen Sie, sehen Sie.

BEDRAY Ich sehe nichts.

BUMHOLDT Ich benötige hingegen meinen Spaten.

BEDRAY Bitte, bitte. Lassen Sie sich nicht stören.

BUMHOLDT Danke.

Nimmt den Spaten weg. Bedray fällt herab.

Die Spanier staunten nicht schlecht, als sie die zwei soliden
Heerstraßen erblickten, die das andine Hochplateau und den
pazifischen Küstenstreifen der Länge nach von Norden nach
Süden –

BEDRAY Was ist? Konnten Sie mich nicht informieren, ehe Sie
etwas unternehmen?

BUMHOLDT Ja, wären Sie bereit, an meinen Ausgrabungen teilzu-
nehmen?

BEDRAY Ich denke nicht daran. *Sitzt starr:* Ich habe mir wehge-
tan.

BUMHOLDT Das ist das Fernweh. Wären Sie in Europa geblie-
ben.

BEDRAY Das ist noch kein Grund, alle humanitären Verpflichtungen von sich zu weisen.

BUMHOLDT Ich interessiere mich nicht für lebende Menschen.

BEDRAY *erhebt sich auf die Knie:* Das ist eine interessante Ansicht. *Strahlend:* Gestatten Sie, daß ich ihr widerspreche.

BUMHOLDT Widersprechen Sie, sie interessiert mich nicht. Zertreten Sie sie.

BEDRAY *enttäuscht:* Das gestehen Sie zu?

BUMHOLDT Scheißen Sie darauf. *Zieht einen Klumpen aus der Erde.* Da haben wir etwas.

Bedray blickt verächtlich weg. Bumholdt nimmt eine Spachtel, säubert den Klumpen.

Eigentümlich geformte Steinklumpen, in die Wasserleitungen gelegt, sorgten für den günstigen Effekt der Bewässerung der bewässerten . . . der bewässerten –

Wischt sich den Schweiß ab. Bedray erklimmt den Stein.

Der Typ der bewässerten Terrassen andeutend die beträchtliche, nur bei staatlicher Leitung und Kollektivarbeit der Massen mögliche Erweiterung der Anbaufläche, indem die Inkas den Kannibalismus unterdrückten und die Unterdrückten, statt sie zu fressen . . . statt sie zu fressen –

BEDRAY *sitzt oben:* Das hätten wir.

BUMHOLDT *betrachtet den »Klumpen«:* Irrtum sprach der Igel und kletterte von der Klobürste. Eine Coca-Cola-Flasche. *Trinkt den Rest, spuckt. Bedray stöhnt.*

Was stöhnen Sie? Sie haben doch nicht getrunken.

BEDRAY Die Sonne blendet.

BUMHOLDT Die Inkas vergötterten die Sonne. Sie beteten sie an.

BEDRAY Ich habe einen Stich. *Bedeckt die Augen.*

BUMHOLDT Es macht nichts. Können Sie mich sehn?

BEDRAY Ich sehe nichts.

BUMHOLDT Es macht nichts. *Nimmt aus Bedrays Aktentasche verschiedenerlei Proviant, frißt:* Der Sonnenstaat . . . Keine Sklaven, keine Schulden, keine Unterschiede . . . Nachdem der Inka . . . am staatlichen Feiertag selbst . . . die Hand an den Spaten gelegt . . . hatte, wurde in gemeinschaftlicher

Fronarbeit erst das Land der Sonne, dann . . . die Äcker der Armen und Kranken, der Witwen . . . und Waisen sowie der Armee . . . bestellt. Sodann war es jedem gestattet . . . sein eigenes Feld . . . Und zum Schluß der freiwillige Einsatz in den Kartoffeln des Inkas.

BEDRAY Sie sprechen so komisch, Hugo, wie mit vollem Mund.

BUMHOLDT Es macht nichts. *Geht zu Bedray.* Ich bin noch da. *Wischt sich Hände und Mund an Bedrays Hosenbeinen ab.*

BEDRAY Reichen Sie mir meine Tasche herauf, ich bleibe auf dem Anstand.

BUMHOLDT *gereizt:* Anstand, Anstand!

BEDRAY Ich passe die Kämpfer ab. Ein Interview wird herausspringen.

BUMHOLDT *hämisch:* Bei Sonnenuntergang.

BEDRAY *fischt in der Tasche:* Mein Proviant ist gestohlen worden.

BUMHOLDT Das ist unglaublich. Diese wilden Neger.

BEDRAY *zornbebend:* Man sollte Bomben schmeißen.

BUMHOLDT *erschrocken:* Moment. Doch nicht blind in die Menge. Lassen Sie sich von der erhabenen Natur beschämen.

BEDRAY Weg von der Natur. Hinan zur Menschlichkeit.

BUMHOLDT Hinab. Hinab zur Menschlichkeit.

BEDRAY *im Diskant:* Hinan, Hugo.

BUMHOLDT Hinab, wo sie begraben ist. *Gräbt.* Es muß tiefer liegen.

BEDRAY *steht auf dem Stein, sieht durch den Feldstecher, verliert das Gleichgewicht und stürzt fast hinunter:* Ich werde sie schon sehen.

Der Beruf der Toten

Guevara auf einer Bahre. Prado. Selnich herein.

PRADO

Es ist Guevara.
Selnich bleibt in Abstand stehn.
           Er hat es selbst gesagt.
Erkennen Sie ihn.
Selnich in Abstand um Guevara.
              Er kann sich nicht rühren.
Die Beine sind zerschossen, in der Brust
Zwei Löcher. Sonst komplett, Coronel. Er
Hat mir gezeigt, wie ich ihn flicken soll
Er wär verreckt ohne sich. Dort sein Gewehr.
Selnich fährt zurück.
Er wird es nicht mehr brauchen, und es ihn nicht.
Ansonsten ist er munter. Er hört zu.

SELNICH

Er hört uns, wie.
Schreit:
           Können Sie uns auch sehn.
Was sehn Sie, Mensch. Ich, ein Soldat, und weine.
Sind Sie von dieser Welt, Mensch. Oder was
Sehn Sie in Ihrem Kopf. Sehn Sie die Toten.
Erledigt, feige, aus dem Hinterhalt.
Ein Leutnant, zwanzig Jahre, er war mir
Lieb wie ein Sohn. Ihr habt ihn abgeschossen.
Eine Heldentat, wie. Befreind die Menschheit.
Sie sind kein Mensch, Sie sind ein Tier das in
Den Wald ging, roher als ein Tier, der Wald
Der trockne, speit euch aus. Ihr seid Verbrecher.
Für das hat selber die Natur kein Obdach.
Ihr seid ein Aussatz, Sie der Dreck vom Aussatz

Ein Räuberhauptmann. Ein Banditenchef.

GUEVARA

Wir sind Guerilleros.

SELNICH *beugt sich über ihn:*

                 Ihr seid Mörder.

*Guevara schlägt Selnich ins Gesicht. Selnich steht starr, rasch
ab. Prado stellt einen Stuhl vor Guevara, setzt sich, raucht.*

PRADO

Willst du wissen, wie du uns ins Garn gingst
Guerillero. Das mußt du mal wissen.
Wir trabten seit zwei Wochen durchs Gelände
Betrachtend jeden Busch. Mit vorgeschriebnem
Argwohn die liebliche Natur berührend
Mit spitzen Zehn. An einem Sonntagmorgen
Gestern, warf sich uns eine alte Frau
Von ihrem Acker springend, in den Weg
Deutend zum Cañon, wo der leise Bach
Mit menschlicher Stimme spräche. Ich befahl
Dem Umstand nachzugehn, doch dergestalt
Daß sich ein Teil der Truppen an den Hängen
Ausruhte im Dickicht, andere
Raschbeinige sammelten sich andächtig
Im Hinterhalt. Ich schlenderte hingegen
Mit ruhigen Leuten auf dem Grund der Schlucht.
Zur Mittagszeit, nach einem Schuß ins Grüne
Hatten wir Kontakt mit unserm Feind.
Es war ein sauberes Gefühl. Denn wir
Zwangen ihm den Kampf auf, nicht er uns
Wie es natürlich wäre bei dem Mord.
Während er in den Hang schoß, rückten wir
Von hinten vor. Der erste, den ich sah
Und der nichts sah, schoß gut. Das war der auch
Der dich auf seine Schulter nahm und auf
ᐟDen Berg kroch, oben aber standen die
Im Dickicht und betätigten sich nun.
Ich sah, wie dir die Mütze wegflog, wieder

Getroffen, der legte dich hin und hob
Statt seine Hände hoch das Gewehr und schoß
Bis wir ihn umbrachten. Er hieß Urbano.

GUEVARA *keuchend:*

Urbano. Wo hat man euch ausgebildet.

PRADO

Das willst du wissen, ja. Wo lernt man das.

GUEVARA

In Panama. Bei den Ledernacken.

PRADO

Da habe ich studiert. Aber wo steht
Daß man bis auf den Tod kämpft.
Nimmt eine Broschüre.

                              Also
Wenn einer sterben soll dann ists der Feind.
Ich will dir deine Fehler sagen, Bruder.
Der Guerillero, wenn er ins Gebiet
Des Gegners dringt, muß er das kennen wie
Seine Handfläche. Er muß angreifen
Und sich zurückziehn und den Feind einschläfern
Und wieder überfallen, ich kann lesen
Die Schläge müssen pausenlos erfolgen
Der Gegner muß, weil sich die Front um ihn dreht
Auf schnellen Füßen und er sich um sich
Den Eindruck haben, er sei eingekreist.
Das Partisanenmenuett: der Walzer
Mit dem verwirrten Feind, der sich entnervt
Ins Feuer wirft. Bei einem ersten Blick
Mag das als negativ erscheinen, aber
Das ist nur die Besonderheit des Kriegs
Krieg heißt der Kampf, bei dem der Gegner draufgeht
Das Endziel ist, ihn völlig zu vernichten
Und zwar wo ers nicht denkt und unerbittlich
Und intensiv, daß es Methode hat.
Das ist ein gutes Buch von dir, bleib liegen.
Lacht.

Es wurde unser Handbuch in dem Camp.
Wir schwitzten die Monturen durch beim Studium.
Lacht.
Wir sind auch Guerilleros, Bruder: Ranger.
Lacht.
Darf ich mich deinen Schüler nennen, Chef.
Lacht, fällt mit dem Stuhl um.

GUEVARA
Ihr seid das Gegenteil des Guerillero
Gekaufte Schweine.

PRADO *hebt den Stuhl:*
                    Nein. Sein Gegenteil
Lernte ich, ist der Guerillero tot.
*Wirft den Stuhl über Guevara weg. Selnich, verbeugt sich
knapp.*

SELNICH
Ich heiße Selnich. Sagen Sie, Guevara
Wo hält sich Ihre Mannschaft auf. Sie läßt sich
Doch überblicken. Sie hatten zuletzt
Sechzehn Gefährten, denn die andern sind
Zum eignen Herd gefahren, oder Grab.
Sechs folgten heut, die liegen noch auf der
Erde, eh sie die über haben unten.
Aber rund neun verpfiffen sich im Wald.
Ich will Sie nicht verhören, ihre Leute
Erzählen selber, einer, er heißt Camba
Sitzt eben zum Diktat.
Zu Prado:
                    Du mußt ihn sehn.
Prado lacht, ab.
Das ist der eine, und wo sind die neun.
Die sind davon und lassen Sie lebend
In unsern Händen.

GUEVARA
                    Tot.

SELNICH

                Wer sagt Ihnen
Daß wir Sie töten werden.

GUEVARA

                   Weil ihr mich
Nicht lebend brauchen könnt aber tot haben.

SELNICH

Wir haben Sie, das ist so gut wie tot
Und toter sind Sie lebend abgetan als
Geschlagner, dem kein Hund mehr zuläuft.

GUEVARA

                        Wer
Ist geschlagen, und lebst du denn, Mensch
Tot bist du seit du lebst in diesem Dienst
Und in dem Dienst, Toter, brauchst du mein Leben.

SELNICH

Die deine fade Theorie heb auf
Bis man dich reden heißt.

GUEVARA

              Das wird nicht sein.
Weil ihr das fürchtet, daß ihr Toten mich
Vorladet vor Gericht, vor dem euch Toten
Ich von dem Leben rede. Glaub mir, da
Ist Gott vor in der Stadt La Paz. Wir werden
Nicht das erleben, Toter.

SELNICH

                Sondern was.

GUEVARA

Fürchtest du dich. Vor meinem Tod auch und
Meinem Leben. Was macht es denn dir aus
Wenn ihr mich ausmacht.

SELNICH

              Das hab ich nicht gelernt
In der Armee, Herr, in zwölf Jahren: morden.

GUEVARA

Hast du auch in Catavi nichts gelernt.

49

Als die Zinnminen streiken, und der Zug
Der sie mit Brot versorgt, fährt in die Stadt
Und plötzlich öffnen sich die Türen der
Waggons und eure Feuerstöße töten
Vierzig Miñeros und verstümmeln hundert.
Das ist kein Morden, das ist der Beruf
Der Toten, Bruder im Tode.

SELNICH

                          Sagst du Bruder.
Der bin ich nicht von dir. Und muß ich töten
Dann ohne Willen. Das ist dein Geschäft.
Jetzt in dem Wald hier, nachts in den Schuhen.
Ist das mein Wille oder deiner, wie.
Ich kann mir andres denken von mir selber.
Ich habe eine Frau zuhaus, zwei Töchter.
Einen Garten. Ich liebe meine Ruhe.
Sehen Sie: ein normaler Mensch. Ich säh mir
Den Film auch lieber an hier, als drin handeln.
Ich weiß das Unrecht. Will ich es begehn.
Was wollen Sie, Herr Guevara. Sie
Vermehren es, und zwingen uns zum Unrecht
Und rauben mir den Schlaf mit Ihrer Nachtschicht
Im Blut, in das Sie mich hineinziehn, und
Töten mein Gewissen.

GUEVARA

                          Lebst du noch etwas.
Der Teil von dir, der aus dir schreit noch.
Der Teil, den du selbst unterdrückst in dir
Weil er sich auch befrein will von dem Feind
Der dich abhängig hält in diesem Dienst
Der fremde Dollar, der euch elend macht
Auf diesem Kontinent und seine Truppen
Landet in jede Freiheit.

SELNICH

                  Schweige du
Weil du lebst und selbst dein Elend machst.

GUEVARA

Der Lohn für meinen Schädel fünfzigtausend
Das ist das Schweigegeld für was da schreit
In dir auch, wenn dein Blut dir aus dem
Gesicht weicht, weil mein dein Verrecken ist
Das dir dein letztes Leben raubt.

SELNICH

                              Schweig, schweig.

GUEVARA

Bring dich ums Leben und mir meinen Tod.
Selnich wütend ab. Prado.

PRADO *lachend:*

Wie geht es, Waldmensch. Ist dir übel, Monstrum
Willst du auch trinken. Oder deine Wunden
Der Schnaps betäubt die. Trinkst du Blut, Heros.
Setzt sich auf die Bahre.
Ich hör dich schrein von Truppen, die einreisen
Ins interessante Ausland. Bei dem Punkt
Kollege, laß uns bleiben. Das mußt du
Auch wissen. Wer ruft sie denn her. Ihr. Ihr
Zieht sie an diese Küsten mit euren
Gewehren. Eure rasche Freiheit lockt sie, in
Derselben Namen, sie uns abzunehmen.
Sagst du nichts, Monstrum. Und ich geb mich mit
Dir ab eh ich dich kenne. Dein Aufruf
zeigt ein Blatt
An die Völker der Welt. Wir brauchen einen
Langen grausamen Krieg, und niemand zögre
Ihn auszulösen. Einen Krieg aus vielen.
Schaffen wir zwei drei viele Vietnams.
Mit ihrem Blutzoll aus dem täglichen Schlachten.
Daß sich der Yankee totrennt in der Runde.
Wer schreibt der bleibt. Aber die Strategie
Wie deine Taktik wir, lernt die der Yankee.
In seinem Pentagon bist du der King
Und deine Konzeption fickt ihm die seine.

Vietnam mal x macht ein Amerika
Der ganze Kontinent. Das ist die Logik
Rückwärts aus deinem Text. Sprichst du nicht mit mir.
Stopft deine Rede dir den Hals, Redner.
Du warst zu schlau, Monstrum, du bist der Dumme.
Und deine Waffen schlagen deine Waffen
Undsoweiter.
Das ist die Welt. Du willst sie ganz verändern
Und siehst in keinem Land mehr Land, Genosse.

GUEVARA

Ich seh nur eine Welt, die blutig ist.
Die ein Vulkan ist vor er ausbricht, ich
Seh in den Krater. Kämpfen nicht mehr, kann ich
Doch sterben, fallend in das Loch. Ihr
Macht ihr mir Beine für den letzten Schritt
Daß die ihn sehen, die das Äußerste
Brauchen, eh sie das erste wagen: leben.

PRADO *lacht stärker:*

Vom Leben lügt das was und will den Tod.
Ein armes Tier. Das könnte dir gefallen
Ein Leben für den Tod. Der Tod fürs Leben.
Ein eitles Waldschwein, das sich mit Blut schminkt
Vor der erblaßten Menge. Nimm dir selbst
Was du willst, mit eignen Händen, so.
Dann lügst du nicht vom Leben mehr die Lügen.
Selnich, bleich.
Wie sehn Sie aus, Coronel.
Schweigen.

GUEVARA

                    Jetzt ists der Auftrag.
Aus La Paz. Reden Sie, das erleichtert.

SELNICH

Das ist der letzte Tod, in dem er drinhängt.

GUEVARA

Macht eure Arbeit.

PRADO

Kann ich, Coronel.

SELNICH

Nein. Nein.

PRADO

Was.

GUEVARA

Nimm die Waffe.

SELNICH

Nein.

GUEVARA

Schieß hierher.

PRADO *zu Selnich:*

Willst du selber leben.

GUEVARA

Schießt.

Salve.

SELNICH *schreit:*

Verstecke ihn.

Verbergen hastig den Leichnam.

Sie werden ihn hier finden.

Wühlen den Leichnam hervor.

Willst du ein Golgatha, zu dem sie pilgern.

Verbrenne ihn.

Zünden den Leichnam an.

Christus der Agitator

Geschlachtet, und sein gut beweinter Tod

Siegt übers mächtigste der Reiche, Rom.

Soll er hier auferstehn. Laß ihn verschwinden.

Vergraben in fieberhafter Eile den Leichnam.

3

Der Wald

Guerilleros, kaum wahrnehmbar, verwahrlost auf dem Boden.
Ein Maultier. Alle Bewegungen langsam und schwach.

URBANO
　Er ist bewußtlos.
PABLITO
　　　　　　　Habt ihr was geschossen.
CAMBA
　Der Wald hat nichts.
EL MEDICO
　　　　　　　　Staub und Stacheln, unser
　Menü. Habt ihr nicht Zecken.
CHAPACO
　　　　　　　　　　Dann dein Tier.
MARCOS *reißt Chapaco zurück:*
　Halt. Soll er hier verrecken mit den Wunden.
CHAPACO
　Und mit den Witzen.
EL MEDICO
　　　　　　　Die Witze kommen
　Heraus hier, aber ich.
PABLITO *entsetzt:*
　　　　　　　Was macht Urbano.
CAMBA
　Er frißt.
MARCOS
　　　　　Was ist das, fressen. Meinst du fressen.
CAMBA
　Es war das Dörrfleisch.
URBANO *dumpf:*
　　　　　　Weg.

*Chapaco, Camba, Marcos fallen über Urbano her. Guevara
bewegt sich.*

GUEVARA

> Wo sind wir oder

Wann sind wir hier. Marcos.

MARCOS

> Er fantasiert.

Das Asthma bringt ihn um.

GUEVARA

> Ich träume wohl.

Richtet sich auf.
Auf diesem Platz waren wir vor zwei Tagen.
Wir sind im Kreis gelaufen.
Marcos springt auf.

> Du hast dich

Geirrt, Marcos. Siehst du die Vogelknöchel.
Wann fraßen wir das.

MARCOS

> Siehst du meine Knochen

Die der Wald frißt.
Guevara wankt, fällt:

EL MEDICO

> Könnt ihr euch nicht mehr riechen.

Scheiße.

GUEVARA *zieht die Hose aus:*

Ich bin beschissen wie ein Kind.
Gibt es hier Wasser. Dann bleibt nur die Luft.

PABLITO

Du kannst die Hose haben.
Zieht seine aus. Motor.

CAMBA

> Das Flugzeug, wieder.

GUEVARA

Du zitterst ja, Mensch.

CAMBA

> Nein.

Wirft sich auf die Erde.

                      Ich will nicht sterben.

CHAPACO

  Gib her, Marcos.

MARCOS

            Spinnst du.

CHAPACO

                  Gib die Patronen

Er hat mir zehn Patronen aus dem Gurt

MARCOS

  Du lügst.

CHAPACO

         Zehn Schuß.

Kampf. Marcos nimmt die Machete.

GUEVARA

                Leg die Machete weg

Oder zehn Schüsse hast du in dir, meine.

Schreit:

Steht auf.

Alle außer El Medico erheben sich. Keuchend:

          Nie seit wir diesen Krieg machen

Sind wir so tief gesunken. Marcos hebt

Das Eisen gegen den Freund. Und El Camba

Zittert, wenn nur das Wort Miliz fällt. Er

Fürchtet sich vor dem Feind. Er hat die Grenze

Der menschlichen Erniedrigung erreicht.

Das ist ein Augenblick, in dem wir uns

Entscheiden müssen. Also wir sind am Ende.

Und haben noch nicht angefangen leben.

Erst übend diesen Gang führt er ins Aus.

Ich bin ein Wrack. El Medico verwundet.

Die besten Männer tot. Miguel. Rolando.

Inti der Miñero. Wir sind allein

Auf dem Planeten. Wer sich nicht fähig fühlt

Den Krieg zu führen, also soll es sagen.

Die Art des Kampfes aber macht es möglich

Daß wir als Menschen uns bewähren wirklich
Und wir zu Revolutionären werden
Der höchsten Stufe, die der Mensch erreicht
Der Guerillero, der dem Volk vorangeht
Nicht fühlend seinen Körper, nur die Waffe
Die er ist des Volks. Ihr seid das Vorbild
Der Kern der Frucht, die in dem Kampf wächst, die
Elite ihr, die herrlichsten der Kämpfer.
Pablito bricht zusammen. Marcos heult.
Marcos. Du hast versagt. Der Held in Kuba
Der neben Fidel kämpfte in der Sierra
Er ist zum Hund geworden. Stoßt ihn weg.

MARCOS

Erschießt mich, eh ihr mich verstoßt. Schießt, schießt.
Schlägt um sich.

EL MEDICO

Warum nicht Hund sein, wenn wir Knochen werden.
Die taktische Verwandlung des Heroen. *Bellt.*

GUEVARA *hysterisch:*

Dann kriech auf allen Vieren, Hund, ins Grab.
*Ersticht das Maultier. Die Guerilleros stürzen auf den Kadaver,
zerstechen ihn und verschlingen hastig das rohe Fleisch. Es
bleibt nur das Gerippe. Währenddessen entfernt sich Camba.
Dann krümmen sie sich auf dem Boden.*

PABLITO *viel später:*

Seht ihr Camba.
Sehn sich erschreckt an.

URBANO

                    Den sehen wir nicht wieder.
Oder als unsern Feind bei seinem Feind
Den er so flieht, daß er sich zu ihm flüchtet.

GUEVARA

Der Sender brachte heute nacht: die Gruppe
Joaquíns sei ausgelöscht. Man hat die Leiche
Tanias am Rio Grande aufgefischt.
Das ist unglaublich.

*Eine alte Bäuerin läuft durch den Haufen, verharrt, flüchtet
unbemerkt. Guevara lacht.*

Es ist eine Lüge.
Wir sind umzingelt, sagen sie. Komm, Marcos.
*Zieht die Guerilleros hoch, sie sinken wieder zuboden, erheben
sich wieder aneinandergeklammert, stützen den zusammenbre-
chenden Guevara, er schleppt sie, wie Schlingpflanzen, mit sich
fort.*
El Medico. Pablito.

URBANO

Weitergehen
Das ist Selbstmord.

GUEVARA

Oder das wahre Leben.

4

Die Massen

*Hütte. Regen. Marcos, Urbano, Chapaco stehn an die Wände
geduckt. Inti schlägt an die Tür.*

INTI

Er macht nicht auf. Er hat sich eingenagelt
In seine Bretter.
Pfeift.

Der Wind pfeift durch
Aber kein Laut der Freiheit.

MARCOS

Ist sie laut.
Schwingt sich aufs Dach.

INTI

Was machst du, Marcos. Willst du ihn erschrecken.

MARCOS

Ich weiß, worauf der hört. Das haben wir

58

Probiert, wie man den Reichen kommt, in Kuba.

INTI

Wie soll der reich sein in dem Stall.

MARCOS

                          Ein Armer
Würde uns nicht fürchten.

CHAPACO

                In Kuba, wir
Sind nicht in Kuba.

MARCOS

              Deshalb wißt ihr nichts.

CHAPACO

Und ihr wißt alles, ihr Kubaner.

MARCOS

                          Ja.
Bricht durch das Dach. Rodas und ein Junge verängstigt aus der
Tür. Marcos schwingt sich aus dem Fenster.
Da ist der Bursche schon.

URBANO

                    Verkauf uns Mais.
Rodas schweigt.

INTI

Verkaufe uns ein Schwein.
Rodas schweigt.

                    Hast du kein Schwein.

URBANO

Ich geb dir Geld, und wenn der Regen aus ist
Läufst du nach Lagunillas und kaufst Mais.

RODAS

Ich habe nichts.
Regen stärker.

CHAPACO

              Laß uns herein.

RODAS

                          Das geht nicht.

INTI

Wir wollen dir nichts nehmen. Du bist arm, wie.
Rodas schweigt.
Es gibt doch Reichere hier.

RODAS

Ja, Vides.

URBANO

Dann hilf uns. Wir bezahlen mehr.

RODAS *gierig:*

Wieviel.

Chapaco will in die Tür. Ängstlich:
Ihr könnt nicht bleiben, Herr, die Kuh ist krank.

CHAPACO

Wir schlafen nicht mit deiner Kuh.

URBANO

Also

Ein politischer Preis, verstehst du. Wir
Helfen dir, Bauer.

RODAS

Wie ist der Preis.

*Großartige Geste Urbanos. Rodas öffnet zögernd die Tür. Inti
gibt ein Zeichen. Guevara, El Medico, Camba, Pablito, Rolando.*

GUEVARA

Seid ihr fertig mit der Begrüßung. – Ich bin
Maxpaulfritz. Wie heißt du.

RODAS

Rodas, Herr.

EL MEDICO

Friede den Hütten, Krieg dem Wald, Genossen.
Wers haben kann, der bette sich auf Rosen.
*Alle drängen in die Hütte, die Tür geht nicht zu. Drei
Bauern.*

CAMBA

Da kommt noch wer.

ROLANDO

Schließe die Tür.

CAMBA

Ja, wie.

Die Bauern hasten zur Hütte, prallen zurück.

GUEVARA *innen:*

Haltet sie fest.

EL MEDICO *hebt das Gewehr:*

Würdet ihr bleiben, liebe

Mitmenschen.

DIE BAUERN

Wir wir sind wir wollen fort

EL MEDICO

Ja, daß ihr schwatzt in Lagunillas. Bleibt
Bis wir uns selber wegverfügen.
Alter Bauer.

Du auch.

Verschnaufe hier.
Zwei Bauern.

ROLANDO

Stellt euch dazu und schweigt.

CAMBA

Jetzt müßt ihr alles fangen, Rolando
Was übern Weg kriecht.

EL MEDICO *hebt das Gewehr:*

Mit der linken Hand

Camba. Verlaß dich auf El Medico.
Immer mehr Bauern, ein Lehrer.

ROLANDO

Stehnbleiben, Mensch, oder du fliegst gen Himmel.

LEHRER

Ich muß in die Schule.

EL MEDICO

Die fällt heut ins Wasser.

EIN BAUER

Er ist der Lehrer.

EL MEDICO

                    Welches ist dein Fach
Gehorsam, wie. Führ uns dein Können vor
In deinem Fach, mein Fachidiot. Gehorsam.
Ich bin der Arzt. Ich will euch untersuchen
Ob ihr das Leben liebhabt. Mesdames, messieurs
Betrachten Sie dies seltsame Gerät.
Die Frauen schreien panisch.
Das ist ein Bild des Menschen, und warum.
Er ist geladen, seht ihr, weil er zuviel
Schlucken muß, aber nimmt sich jetzt, seht ihr
Selbst in die Hand und legt es darauf an
Den Vogel abzuschießen, schon entsichert
Aller Rücksicht, seht ihr, die ihn niederhielt
Richtet er sich jetzt auf und sucht das Ziel
Und zieht, mit einem Finger, seht ihr, sich
Aus seinem Elend.
Camba und Rolando lachen. El Medico schießt. Das Geschrei
bricht ab. Die Guerilleros stürzen aus der Hütte.

GUEVARA

                    Geht es dir zu gut.
Hab ich dir nicht die Scherze untersagt.

EL MEDICO

Verzeihung, Comandante.

GUEVARA

                    Gib uns dein Gewehr.
Stille. El Medico gibt das Gewehr ab.

MARCOS

Was denn nun mit dieser Volksversammlung.

GUEVARA

Brüder, eine Versammlung. Setzt euch hin.
Die Guerilleros setzen sich auf den Boden. Die Bauern stehn
stumm aneinandergedrängt.

PABLITO

Rede mit ihnen, Comandante, sie
Warten darauf, sie werden mit uns gehn.

Ohne das Volk, dann können wir nicht siegen
Jetzt sind wir viele.

GUEVARA

               Brüder, worauf steht ihr.
Die Bauern glotzen ihn an.
Auf euerm Grund, den wir befreien werden
Mit euren Händen auch, die ihr uns gebt.
Die Bauern schweigen.

LEHRER

Was meint ihr, Herr. Sie haben eignes Land
Zum erstenmal seit dreihundert Jahren.
Die Landreform des letzten Präsidenten.
Sie haben keine Hand frei, auf dem Feld.

GUEVARA

Ihr habt das Land, aber habt ihr das Recht
Es auch zu nutzen. Und duckt euch unter das
Gesetz, das Gleiche ungleich macht und euch
Arm und unmündig.
Die Bauern sehn auf den Lehrer.

LEHRER

              Herr, das ist nicht so.
Sie haben auch das Bürgerrecht erhalten.
Sie sind nicht unzufrieden, und womit.

GUEVARA

Der Bauer muß kein Stier sein der sich pflügt
Mit seinen Knochen in den Grund, freiwillig
Knecht, stolpernd auf das Grab zu demütig
Das Leben schleppend. Ist die Erde das
Tal der Tränen und der elende
Ort, wo ihr euch das Himmelreich verdient.
Glaubt das nicht mehr. Die Not ist nicht notwendig
Wenn ihr sie wegwerft, Brüder, die Welt nämlich
Läßt sich verändern.

LEHRER *sofort:*

             Sie wollen das nicht.
Die Bauern schweigen.

Sie staunen über euern Dialekt, Herr.
Seid ihr nicht Ausländer. Die Weißen lügen
Denkt sich der Indio, und die Fremden stehlen.
Er will die Welt nicht ändern, fragt ihn, Herr.

GUEVARA

Was wollt ihr denn. Habt ihr das Glück im Sack.
Und wenn ihr heimgehn könnt, seid ihr zufrieden.
Freudige Bewegung der Bauern.
So, wollt ihr gehn. Und wer kommt mit uns.
Weichen an die Hütte zurück.

ROLANDO

Die kannst du abschreiben, Comandante.

INTI

Wo ist das Militär.

BAUERN

Ja das, ja so

INTI

Da warten wir bis morgen. Wo ihr herkommt
In Muyupampa, ists da ruhig.

BAUERN

Ruhig
Alles ruhig, Herr. Da ist es ruhig.

INTI

So, und in Lagunillas.

BAUERN

Ja, in, da
Das Militär, Herr. Alles Militär
Da ist das Militär. Da sind Soldaten.
Dort sind sie. Die sind immer dort.

INTI

Sie lügen.
Damit wir abziehn.

GUEVARA

Sie sind wie kleine Tiere.
Die muß etwas ins Mark treffen, eh sie
Freie Wesen werden.

MARCOS *schreit:*

Was ist das für ein

Scheißland, Inti.
*Der Lehrer von Lachen geschüttelt. Chapaco springt Marcos an
die Kehle.*

URBANO

Wo ist dein Sohn hin.

Wo ist dein Sohn, Rodas.

RODAS *zitternd:*

Er ist nach er

URBANO

Nach Lagunillas um sich die Belohnung
Stille.

INTI

Das Militär bezahlt noch beßre Preise
Als wir.

GUEVARA

Nehmt ihm die Kuh.
Rodas steht entsetzt.

Dann ists der Terror.
Der soll sie schrecken, daß sie nicht mehr wissen
Ob sie Fleisch oder Fisch sind, aber stumm wie
Fische. Wer nichts mehr hofft, der soll dann alles
Fürchten und aus dem Krieg sich ziehn zitternd
In sein Loch. Merkt euch den Fall.
Zu den Guerilleros:
Fort in das Unbelebte, in den Wald.
Die beiden Haufen durcheinander.

PABLITO *lacht:*

Ein großer Haufen, Che. Wir werden siegen.
Heult:
Keiner geht mit uns. Wir werden sterben.
*Die beiden Haufen rasch auseinander, ab. Rodas schlägt mit
den Fäusten auf den Boden.*

Zwischenspiel

Die Andenkulisse. Bumholdt steht bis zum Bauch in einem Loch, schachtet. Bedray hängt an einer sehr hohen Felswand, knotet sich fest.

BEDRAY Ein schöner Tag.
Bumholdt sieht gequält hinauf, wischt sich den Schweiß ab.
Sie müßten unterwegs sein.
Bumholdt bückt sich in das Loch, wirft eine Thermosflasche und einen BH heraus.
Hallo, Hugo, ist jemand passiert?
BUMHOLDT *starrt in das Loch, gereizt:* Ist e t w a s passiert. Denis, es heißt – *blickt hinauf:* Was soll denn passiert sein?
BEDRAY Wieso passiert?
BUMHOLDT Sie fragen, ob etwas –
BEDRAY Wieso was? Wer!
BUMHOLDT Wieso wer?
BEDRAY *resigniert:* Es passiert rein gar nichts.
BUMHOLDT Ich bin auf Kies gestoßen.
BEDRAY »Ein gutes Stück braucht viele Untiefen, undurchsichtige Stellen, eine Menge Kies und erstaunlich viel Unvernunft, und es muß lebendig sein, vor es etwas anderes sein will.« Bertolt Brecht.
BUMHOLDT Der Kies bedeutet was. Er deutet auf eine Begräbnisstätte. *Zieht ein Gewehr aus dem Loch, betrachtet es geistesabwesend.* Die Leichen wurden teils in Massengräbern, teils einzeln unter der widerstandsfähigen Kiesschicht –
BEDRAY Was halten Sie da in der Hand, Hugo?
BUMHOLDT Komisch. *Lauscht am Gewehrlauf.* Ich bin nicht tief genug. *Zielt auf Bedray.* Die Toten in zusammengekrümmter Stellung –
BEDRAY *schlotternd:* Könnten Sie das Thema wechseln, Hugo?
BUMHOLDT in zusammengekrümmter Stellung in Matten fest vernäht und verschnürt –
BEDRAY Ich bin es: Denis!

BUMHOLDT Wer ruft? *Donnernd:* Silencium!

BEDRAY *in wachsender Angst:* Immerhin soll sich niemand grund-los beunruhigen. Die Gefahr liegt darin, daß wir eine virtuell revolutionäre, tatsächlich kritische Situation mit den ideologi-schen Schemata, den Aktionsmethoden und auf gewisse Weise den ererbten Reflexen der früheren und überwundenen Etappen ansteuern und beherrschen müssen. »Wir haben eine Revolution gemacht, die größer ist als wir selbst« sagte Fidel eines Tages unter anderen Umständen.

BUMHOLDT *zugleich:* in Tierfellen und Matten fest vernäht und verschnürt. Diese Ballen wurden dann weiter in Decken gehüllt, und auf diese Weise größere Mumienballen herge-stellt, denen man mit Vorliebe die Gestalt eines unter seinem Poncho sitzenden Indianers zu geben suchte, weshalb man nicht selten dem Ballen einen aus Kissen verfertigten falschen Kopf aufsetzte.

Lacht breit, hängt das Gewehr um. Bedray läßt den Feldstecher fallen.

BEDRAY Einen falschen Kopf?

BUMHOLDT Wer etwas zuerst findet, dem gehört es wohl. *Hängt den Feldstecher um.* Wenn ich tiefer bin, werde ich ihn brauchen.

BEDRAY Jetzt zeigen Sie Ihr wahres Wesen.

BUMHOLDT Schaun Sie nach Ihrem Erlöser. Nach Ihrem Idol.

BEDRAY Das werde ich. Sie sind für mich gestorben wie Ihre Mumien. *Klimmt noch höher, bis sein Kopf nicht mehr zu sehen ist.*

BUMHOLDT Die wurden jedenfalls nicht gefressen. In diesem sagenhaften Inkastaat wurden nur noch hervorragende Große aus den neu gewonnenen Gebieten geopfert. Diese hochkul-tivierten –

BEDRAY Nanu, mein Kopf.

BUMHOLDT Und nur bei ganz besonders feierlichen Gelegenhei-ten wurde ein Kind oder eine Jungfrau geschlachtet.

Bleckt die Zähne. Bedrays Kopf fällt herab.

BEDRAY Geben Sie mir meinen Kopf.

BUMHOLDT *überrascht:* Wozu brauchen Sie ihn?

BEDRAY Aber ich habe doch die Augen im Kopf.

BUMHOLDT »Aber ich habe doch Augen im Kopf.« Das sind Redensarten. Sehen Sie zu.

BEDRAY Das ist eine Gemeinheit.

BUMHOLDT Sagen Sie, womit sprechen Sie eigentlich, Denis?

BEDRAY *beschämt:* Entschuldigen Sie. Mein Akzent klingt etwas verschwommen.

BUMHOLDT Ich meine, aus welchem Loch Sie sprechen?

BEDRAY *gekränkt:* Immer noch aus dem Hals, ja.

BUMHOLDT Wie Sie wollen. Ich werde Ihnen keine Vorschriften machen. *Nimmt die Spachtel, säubert den Kopf.* Ein schöner Kopf. Wie aus dem Gips der Académie française. Aus Ihnen hätte ein Philosoph werden können, Denis.

BEDRAY Ich schlage Ihnen in Ihre bourgeoise Fresse. Ich schicke Sie in die Steinzeit. *Wirft einen Brocken hinab, der zermalmt den Kopf.*

BUMHOLDT Sie haben sich den Kopf eingeschlagen. *Lacht.* Denis, Sie haben etwas am Kopf.

BEDRAY Ich gebe es auf. Sie werden sich nie ändern.

BUMHOLDT Ich sehe nicht ein wozu. *Bleckt die Zähne.* Ich fühle mich wohl. *Steckt Bedrays Kopf in die Kameratasche.* Sehen Sie zu.

BEDRAY Kümmern Sie sich nicht um mich.

BUMHOLDT *nimmt den Spaten, schachtet:* Jetzt aber ran an den Speck.

BEDRAY Ah, welche Aussicht. Ich überblicke das Geschehn.

5

Tania la Guerillera

Schlucht. Guevara. Tania.

GUEVARA

Bevor es Tag ist mußt du fort. Steh auf
Du hast mich nie gesehn. Siehst du die Schlucht
Dort unten die Soldaten. Du durftest hier
Nicht warten, nicht auf mich.

TANIA

                   Du schickst mich weg.

GUEVARA

Dein Auftrag schickt dich, in die Stadt zurück
In deine Arbeit.

TANIA

        Gib mir ein Gewehr
Um mit zu kämpfen, Comandante.

GUEVARA

                       Geh
Wenn dir dein Leben lieb ist.

TANIA

                  Welches meinst du.
Welches Leben, und ist mir das lieb.
Ich habe mehrere davon. Vor drei Jahren
In einem Zimmer in Havanna hatte
Ich e i n s , das gab ich lachend her, Genosse
Du weißt es. Meinen Namen legt ich ab
Im Namen der Revolution. Mich gab es nicht mehr
Für meine Freunde, und an ihren Blicken
Ging ich vorbei wie fremd. Alle Freude
Tauschte ich gegen kalte leere Worte.
Es hieß nicht mehr Genosse, es hieß Herr
Wo ich, in alten Ländern, suchen ging
Nach meiner neuen Herkunft. Mit Gesichtern

Die ich mir selber glaubte vor dem Spiegel
Und Namen, an die ich mich gewöhnte
Aus meinen Pässen. Haydée Bidel Gonzales.
Marta Iriarte. Laura Guitérrez Bauer.
Mein Leben, sagst du. Was ist meins. Tamara
War ich auch, eingeborn von deutschen Eltern
Ich hatte schwarzes Haar und braune Haut
Und nach zwölf Wochen wurde das Haar blond
Die Haut ganz hell. Ich bin begabt, Genosse
Für euern Auftrag, ein Naturtalent
Nichts ist mir fremd mehr außer ich mir selber
Im Komitee für die Folklore, glücklich
Verehelicht mit einem Ingenieur
Aus Sucre zwecks Erlangung eines Visums
In seidner Wäsche in den höchsten Kreisen
Der Ausbeuter, fressend mit Präsidenten
Jetzt auch in leichtem geistigen Verkehr
Mit dem Chef der Information. Dank für die Blumen
Mir blühen Gärten in La Paz, Genosse
Bezahlt mit blutigem Zinn. In meinem Kopf
Ein Film der reißt und reißt, der Riß der Welt
Mein Lebenslauf. Ich lernte schießen
Im deutschen Friedensstaat und liege wehrlos
In dieser Schlachtschüssel, Bolivien
Und kann nicht kämpfen.

GUEVARA

                       Du kämpfst gut, Tamara.

TANIA

Nicht ich bins, und nicht niemand, jemand kämpft
Den keiner nennt und keiner kennen wird
Weil das kein Kampf ist, der sich sehen läßt
Und sich nicht sehen läßt, was das für Kampf ist.
Werde ich einfach gehen, in den Händen
Verdorrte Blumen. Wird mein Name, welcher
Gelöscht sein in den Stirnen wie ein Schweiß.
Wird keine Spur sich an den Boden halten.

Sind wir umsonst am Leben, Comandante.

GUEVARA

Der Tod ist nicht umsonst, wie kanns der Kampf sein.

TANIA

Ich kann nicht kämpfen, wenn es mich nicht gibt.

GUEVARA

Ich weiß von dir, und du. Das muß genügen.

TANIA

Und doch bist du es, der mich nicht erkennt.
Ich liebe dich.

GUEVARA

      Du wirst es mir nicht sagen.
Schweigen.
Jetzt ist es Tag, Genossin.

TANIA

      Liebe, sagst du
Das wichtigste, sagst du, Gefühl, sagst du
Des Revolutionärs: weil es ihn selbst
Verändert. So dein Text, Guevara.

GUEVARA

      Geh
Eh sich der Hang entlaubt und nackt vor deinen
Sengenden Feinden stehst du abgetrennt
Von deinem Auftrag, denn nicht wieder
Wenn sie dich sahn, kannst du zur Stadt zurück.

TANIA

Ich weiß.

GUEVARA

      Dann geh.

TANIA *geht, gleibt stehn:*

      Und wenn sie mich nun sahn
Mit ihren Augen in den Köpfen der
Deserteure. Die mich freilich sahn
Im Lager, wo ich sehr lang wartete
Bis ich dich sah. Jetzt sehe ich es auch
Ich durfte hier nicht warten, und nicht eilen

Hierher, in der Garage in Camiri
Meine Koffer im Jeep, wer sah die durch
Ich habe mich verraten dich zu sehn.

GUEVARA

Dann hast du gut gekämpft, aber umsonst.

TANIA

Umsonst.

GUEVARA

   Wenn sie dich sahn. Die unbekannte
Arbeit, die nützliche, bekannt wird sie
Unnütz.

TANIA

   Und unbekannt war ich doch etwas
Unter den vielen Masken, jetzt bekannt
Bin ich nichts mehr.
Schweigen.
     Ich stürz mich in die Schlucht.

GUEVARA

Daß uns dein Leichnam alle jetzt verrät.
Zurück.
Packt sie.

TANIA

   Jetzt hältst du mich in deinem Arm.

GUEVARA

Du mußt hier bleiben, will ichs oder nicht
Du bist nicht sicher und bist dus nicht wir nicht
Dein und mein Leben sind jetzt eins und anders
Als du dir träumst. Du wirst mit mir leben
Das schöne Leben das den Tod kennt, und
Leben um sicherlich zu sterben. Aber
Nicht unbekannt mehr und mit deinem Namen
Es wird dich geben, ja. Nimm mein Gewehr:
Tania la Guerillera, das dein Name
Von jetzt ab, den man kennen wird wie deine
Tödliche Arbeit, die dich kenntlich macht
Es wird dich geben, wenn es dich nicht mehr gibt

Der Tod wird dich zum Leben bringen und
Das Leben nach dir Tod den Unterdrückern.
Mehr kannst du nicht verlangen. Schöne Frau
Ihr Diener im Gefecht ach küß die Hand.
Ich hab kein Fleisch an mir, ich bin aus Luft
In meinem Schädel kein Gedanke an
Weniger als die Welt. Der nämlich kämpft
Muß ein Asket sein. Unser Gefühl
Getarnt im Hinterhalt, das Schweigen im Walde.
Ich bin so frei, Madame, nicht. Eine andre
Liebe wird es nicht geben als die nach uns
Uns umfängt. Erst die Befreiung aller
Dann mein und deine. Heule nicht, Soldat.

TANIA *lacht:*
Viel sagst du um ein wenig, Genosse, du
Zitterst ja vor Begier, bricht dir der Schweiß aus
Weil du dir so Gewalt antust, was siehst du
Mich an wie ein Gewächs, das du dir ausreißt
Aus deiner Brust, bist du bleich geworden
Bei der Operation. Was gilt mir das, Mann
Was zwei bewegt, wenn ich mit kämpfen kann
Und das jetzt kann ich. Das bewegt die Welt
Aus der ich mich, der alten, selbst jetzt schieße
Wenn mich was an ihr hält und seist du es.
Kann ich erst kämpfen, muß es mich nicht geben
Und ich leb nicht umsonst, wenn ich nicht lebe
Die Revolution mein Name.

GUEVARA
                                    Wenn
Mich nichts hält, wie halte ich mich.

TANIA *schreit:*
                                    Hände weg.

Schüsse aus der Schlucht.

GUEVARA
Wir haben uns verraten. Wirf dich hin
Jetzt mußt dus, wenn du bei mir bleiben willst

Und du wirst bleiben, aber nicht bei mir.
Jetzt mit den Kranken dieser Schlacht die aussteht
Wirst du uns, selber krank wie ich, langsam
In Abstand folgen und mit den Verrätern
Selbst fähig des Verrats wir beide, uns
Zu lieben. Führ die, bis sie gesund sind, weg
Und uns von uns. Das deine Arbeit jetzt.

TANIA

                          Ja.

GUEVARA *tonlos:*
Und in den Märchen, die man sagen wird
Einst, gehen wir zusammen, jetzt getrennt.
Auseinander ab.

6

Hinterhalt oder Der neue Mensch

*Orangenpflanzung. Mondnacht. Guerilleros unter den Bäumchen
ausgestreckt. Das Gespräch leise, mit langer Pause nach jeder
Replik.*

MIGUEL
Ich langweil mich zutod in euerm Krieg.

MARCOS
Du hast noch nichts erlebt: du bist am Leben.

CHAPACO
Du auch, Marcos.

MARCOS
                Ich hab es überlebt.
Freut euch des Lebens. Kuba, in der Sierra
Wir hundert Mann, der Feind zehntausend und
Jagte uns durch die Ebne oder wir ihn
Das war gar nicht zu sagen.

MIGUEL

Und du lebst.

MARCOS

Ich hab nichts gegen Langeweile, Miguel.
Schwaches Gelächter.
Dann dieser Wirbelsturm wischte die Landschaft
Weg mit den Straßen. Wir hangelten uns
Durch den Morast. Die Bäche waren Flüsse
Die Flüsse Ozeane. Die Moskitos
Hatten sich so vermehrt, daß sie irrsinnig
Wurden und wir nicht stillstehn konnten, keine
Stunde. Wir blind vor Hitze. Flugzeuge
Die auf uns Feuer spien. Der Feind meldete
Unser Ableben. So erreichten wir
Die Stadt Santa Clara, verschanzt ganz die
Hinter Panzern. Einer von meinen Leuten
Verlor beim Angriff das Gewehr. Ich sagte:
Hol dir mit deinen bloßen Fäusten eins
An der Front, oder du wirst erschossen.
Am Abend lag er blutend auf dem Schutt
Und röchelte: Genosse, hier ist es, das
Gewehr, und starb. Da hatten wir die Stadt
Schon eingenommen.

MIGUEL

Und war tot.

MARCOS

Aber
Er hatte zehn geschlachtet, Miguel. Jeder
Der fiel, schlachtete zehn.

MIGUEL

Schlachtete, sagst du.

INTI

Soldaten, ja.
Gelächter.

MIGUEL

Hätten wirs hinter uns.

INTI *springt auf:*
Nein, hätten wir sie vor uns. Patria o –
Joaquín und Braulio tauchen vor Guevara auf, der an einen
Baum gelehnt sichtbar wird.

JOAQUIN *laut:*
Eine Patrouille, zwanzig oder dreißig
Am Fluß.

GUEVARA
          Entfernung.

BRAULIO
                Eine Stunde, Chef.

GUEVARA
Jetzt kommen sie in Rudeln. Die Legende
Der Guerilleros schlägt wie Schaum hoch, wir sind
Schon Supermenschen, unbesiegbar. Gut
Joaquín, geh mit der Vorhut übern Fluß
Und warte. Wir halten das Lager. Marcos
Du legst den Hinterhalt mit deinen Leuten
Und dem Neuen, Miguel.
Aufbruch.

MIGUEL
              Einen Hinterhalt.

CAMBA
Du brauchst dich nicht zu fürchten, sie falln um
Eh sie etwas begreifen, Miguel, so.
Läßt sich mit andern auf den Boden fallen, kugeln herum. El
Medico tarnt sich mit einem Orangenbaum.

EL MEDICO
Grün ist des Lebens goldner Baum
Was dahintersteckt, das weiß man kaum.
Schießt mit Orangen. Alle ab außer Miguel und Guevara.

MIGUEL
Ich geh nicht in den Hinterhalt.

GUEVARA
                Was sonst.
Hör zu, mit dir muß ich nicht reden, Student

Du hörst genug Reden.

MIGUEL

Das ist Mord.

GUEVARA

Und wirst noch viele hören in La Paz.
Nimm dein Gewehr.

MIGUEL *knickt in die Knie:*

Sprich erst mit den Soldaten
Und überzeuge sie.

GUEVARA

Wie denn sprechen
Mit welcher Sprache. Die du meinst, Student
Das ist nicht ihre. Die ihnen logisch klingt
Hat ihren Sinn von dem was ist, aber
Nicht sein muß, dem Unrecht, das sich in ihr
Absichert und erklärt, und wie Magie
Klebt das im Schädel. Solln sie sich dem entziehn
Mußt du unlogisch werden und nicht sprechen
Sondern schießen. Die Waffe ist die Sprache
Die den Sinn ändert, der da dulden heißt
Und wird handeln.

MIGUEL

Du willst sie töten.

GUEVARA

Und warum nicht. Ist die Gewalt ein Vorrecht
Der Unterdrücker. Das ist der Glaube, Miguel
Daß sie andere sind, die man nicht roh
Schlagend zurückschlägt. Von dem Irrsinn
Heilt sich der Unterdrückte erst der kämpft
Wenn seine Wut ausbricht und er sich selber
Findet in ihr. Die Stunde der Gewalt
Nämlich ist die der Wahrheit, weil die Maske
Zerreißt und der Staat steht nackt da und
Deutlich, Miguel. Dann gibt es kein Zurück mehr.
Miguel richtet sich auf.
Gegen Gewalt hilft nur Gegengewalt

Die der Mensch ist nicht mehr duldend. In dem Kampf
Befreit er sich von sich, dem Unterdrückten
Der in dem Elend wohnt satt und zufrieden
Und hatte nichts, jetzt aber hat er sich
Und löscht in sich die Finsternis und auch
Außer sich. Tötend wird er geboren in der
Verkehrten Welt. Er wird es nicht begreifen
Wenn du es sagst, doch er erlebt es. Töten
Heißt zweimal treffen: einen Unterdrücker
Und einen Unterdrückten. Und was bleibt
Das ist ein toter und ein freier Mensch.
Miguel steht auf den Füßen.
Der Boden unter seinen Füßen ist
Zum erstenmal sein Land. Zwischen den nackten
Zehen trägt ers mit sich herum. Die alten
Mythen, zehntausend Jahre wahr, verblassen.
Die um ihn sind, sind seine Brüder, jeder
Tötend und kann getötet werden. Im Haß
Erfährt er, sie zu lieben. Fühlend das
Geht er aufrecht und schält sich aus der Furcht.
Der Kampf aber erfindet seine Seele.
Er lernt das fühlen, was er nie konnte
Und seine Feinde nicht. Er überspringt
Die Stufen: er nimmt den Kampf nicht auf
Um seinem Feind zu gleichen. Er ist neu
Nicht achtend altes Leben mehr und seines.
Miguel nimmt das Gewehr, ab. Guevara merkt es nicht.
Gepeinigt.
Ein neuer Mensch, beginnend mit dem Ende
Weil er getötet werden muß, er weiß es
Es ist nicht nur wahrscheinlich, es ist sicher
Der neue Mensch noch kann nicht alt werden
Durchbohrt die Kehle in Angola und
Im Kongo abgehackt die Hände. Er will
Lieber siegen als überleben, müde
Des Unrechts, das er sieht und das er tut

Das Unrecht mordend, und das Blut erstickt ihn.
Dies Müdesein macht seinen Mut unendlich.
Wo ihn der Tod jetzt trifft, er ist willkommen
Der Schritt ins Nichts macht aus ihm alles, und \
Alles wird nichts sein gegen diesen Tod
Was sonst noch kommt nach diesem Sieg im Leben
Weiß ich, ders überlebt hat.
Erschöpft am Boden. Schüsse, dann Trommelfeuer. Guevara
springt auf.

He, Miguel.

Stille. Joaquín und Braulio bringen einen Major und zwei
Soldaten.
Ist es schon losgegangen, und ich halte
Reden. Ist das alles, was ihr geschnappt habt.

JOAQUIN
Zwei Tote.

GUEVARA
Zwei nur.

MAJOR
Lassen Sie uns leben.

Die Gefangenen plappern wie Papageien. El Medico, Camba,
Chapaco, Rolando, schweigend.

GUEVARA
Nehmt diesen Vögeln alles war ihr braucht.
Was ist. Ein mageres Resultat, wie. Zwei.
Woran hat es gelegen.
Schweigen. Marcos, Urbano, Pablito tragen Miguel.

Miguel, he.

Rasch, er verblutet.

INTI *bleich, mit zwei Gewehren:*
Comandante, ich
Ich hab zu früh geschossen.

GUEVARA
Inti, du.

INTI
Ich hab nicht abgewartet, die Soldaten

Konnten in Deckung gehn und fliehn und feuern.
Läßt ein Gewehr fallen. Guevara hält Miguel im Schoß.

GUEVARA
Miguel, halt durch. Wir werden siegen.
Miguel stirbt.

CAMBA
Wir.
Aber die Toten siegen nicht, Guevara.

7

Der Funktionär

Guerilleros heben Inti, Tania, Monje aus der Tiefe.

GUEVARA
Sie kommen, he.

INTI
Er sagt he. Das ist Che.
Jetzt weiß ich, he. Dein Name ist ein Ruf.
Che, Che.

PABLITO
Und ihr kommt wie gerufen.

GUEVARA
Tania.
Umarmt sie.

TANIA
Wie siehst du aus, Che, ohne Bart.
Lacht.

GUEVARA
Ein Opfer
Für die Sache. Mein Haar ist weiß, siehst du.
Ich bin nicht als ich selber eingereist.
Jugend geht vor Schönheit. Das wächst wieder.

TANIA
Ich nehm dich trotzdem.

Lachen.

                         Das ist aus La Paz
Der Führer der Partei.

INTI

                    Der Sekretär.
Stille.

GUEVARA

Du kommst, Genosse Monje. Und was bringst du.
Monje schweigt. Guevara geht nach hinten, Monje folgt ihm.

TANIA

Und das ist Inti, ein Arbeiter aus
Catavi. Und sie streiken.

ROLANDO

                         Was, sie streiken.

CHAPACO

In den Zinnminen.
Freudiger Lärm.

MARCOS

                    Habt ihr euch endlich
Besonnen, Genossen.

INTI

                    Sagst du besonnen.
Ja. Wie denn, wann denn. Zinn, wenn ihr wißt
Was das ist in der mörderischen
Hitze, fünfzig Grad, die Knochen schlagend
Im Takt des Eisens, noch im Schlaf gegen
Die Bretter oder den Körper der Frau.
Und warum gehn wir in die Schraube, Brüder
Besinnungslos. Und schinden in der halben
Zeit aus uns mit der doppelten Kraft das, für
Den Lohn. Und jetzt halbiert der Staat uns die
Peseten. Für das Doppelte ein Nichts.
He, seh ich aus wie einer der zuviel hat.
Seht mich an. Ist das eine menschliche
Gestalt, wie. Kann ich mich sehn lassen. Jetzt
Streiken wir und nichts tut sich und ich freß nichts

Aus den Versorgungszügen der Regierung
Die sie gnädig heranrollt. Und ich magre
Unbesonnen ab. Als ich mich eines Nachts
Zu meiner Frau beuge und sie wacht auf
Erschrickt sie und schreit: ein Gespenst! und schreit.
Sie hat mich nicht erkannt. Da hab ich mich
Besonnen, Brüder.
Verzerrt mit den Händen sein Gesicht.
                                   Ja, ich bin das Gespenst
Das umgeht in Amerika, und werde
Den Ausbeutern erscheinen mit dieser
Unmenschlichen Fresse, wenn sie bei Tisch
Sitzen und unser Fleisch verzehren. Ich
Hab mich besonnen, ja: auf die Partei
Und die Miñeros in Catavi warten
Daß sie euch führe. Sie erklären sich
Mit euch Gespenstern solidarisch.

JOAQUIN
                                   Komm
An meine Brust, Gespenst.

URBANO
                                   Fühlt ihr, Gespenster
Wie wir Fleisch und Blut werden.

TANIA *macht Freudensprünge:*
                                   Leute, ich
Habe Musik im Koffer. Ich bin eine
Reisende in Folklore des Ministers
Für Erziehung.

EL MEDICO
                         Auch ein Gespenst. Señora
Weisen Sie sich aus.

TANIA
                         Bitte, Señores.
Tonband.
Si Kuba, Yankee no. Patria o muerte.
Alle mit Freudensprüngen ab. Musik und Lärm leiser.

Guevara und Monje, in Abstand.

GUEVARA

Hast du genug geschwiegen, Sekretär.
Willst du noch mehr Bäume ansehn, willst du
Dich hängen oder soll es ich. Was bringst du.

MONJE *mit Überwindung:*

Ich bringe mich, und mit mir die Partei
Vielleicht, ich meine: bald, ich meine: wenn ich
Die Führung der Guerilla übernehme.
Und lege dafür meinen Posten nieder.

GUEVARA

Der Chef bin ich, Genosse Sekretär.

MONJE

In diesem Wald, aber wer wohnt im Wald.
Reicht die Hand hin:
Wenn meine Hand euch helfen kann: sie ist die
Hand der Partei. In sie müßt ihr euch geben.

GUEVARA

Nein, die Partei sind wir, indem wir kämpfen.

MONJE *hält noch die Hand hin:*

Das hab ich nicht gehört, indem ich taub bin
Auf dem Ohr. Eine Partei ersetzen
Das nennt man einen Fehler, in dem Wald.
In dem du zuwächst, und kein Schreien dringt
Heraus. Der Kampf aber schreit nach dem Plan
Den du nicht finden wirst unter dem Farn
Und in den Schwämmen, wer das lesen könnt.
Der Plan wächst aus den Massen wie das Gras
Aus dem Boden. Komm auf den Boden, Che.
Nur die Partei, die Teil der Gegend ist
In der sie handelt, und vermischt mit allen
Sammelt die Kraft, die ihr verpulvert einsam.

GUEVARA

Ich höre immer handeln. Wer denn handelt.
Das ist das Warten auf Godot, Genosse.
Uns euch in die Hand geben. Daß ihr uns

Erdrückt. Ihr wollt nur mit dem Hirn arbeiten
Daß möglichst wenig Sachschaden entsteht.
Ihr habt die Revolution verlegt
In den Plüsch der Diplomatie und
Akkreditiert die Repression als Partner
Beim Narrentanz auf dem Genick der Massen.
Du siehst gut aus, Monje, dein Job ernährt dich.

MONJE *zieht die Hand zurück:*

Mir tut die Hand weh, leider, Herr Guevara.

GUEVARA

Ich habe keine Hand frei als für Taten.

MONJE

Die Ungeduld ist ein beschißner Arzt.
Man operiert nicht, wenns noch Medizin gibt.

GUEVARA

Das sind Sprüche. Man schneidet in das Fleisch
Und brennt den Kontinent an an vier Ecken.
Und lodert es, darf man nur noch das Licht sehn:
Das sagt José Martí, falls dir das neu klingt.

MONJE

Und was sehen die Bauern, wenn ihr Hof brennt.
Blöd glotzend aus der Wäsche, Zuschauer
Beim Auftritt eines Helden, eines Monsters
Das mit der Waffe fuchtelt. Aber als
Die Waffen wichtiger ist das Programm
Das in die Massen dringt, oder Aus dem
Gewehr kommt keine Macht sondern Gewalt, oder
Mit Bajonetten kann man vieles tun
Nur sich nicht darauf setzen, auch Zitate
Breshnew bis Bonaparte, und dein Fall
Ist nicht so neu, wie dir dein Tod sein wird.
Und alt sähen wir aus so angeführt
Und ohne Führung alle mit zwei Führern
Und demoralisiert die Kraft, verwirrt
Des Volks. Das ist nicht d e i n Tod nur, Guevara
packt ihn

Du liquidierst uns alle, die Partei
Wie sie jetzt lebt, indem du uns ins Aus schlägst
Mit deinem Aufbruch und wir sehen zu
Wie Feiglinge und können uns nicht helfen
Weil dir nicht mehr zu helfen ist.
Läßt ihn los.

                        Aber
Dein Heroismus ist nicht das Mistbeet
Der Revolutionen, und dein Tod
Wird uns so wenig führen wie dein Leben.

GUEVARA *lacht:*
Bau die Guerilla, und der Rest ergibt sich.
Und nur der Guerillero kann sie führen
Und nach dem Sieg auch er, der alles wagt
Er soll alles bekommen und nicht ihr
Die in den Städten zaudern, lustlos, Beamte
Und dienstbeflissen auf die Weisung warten.
Packt ihn:
Wie wird es mir gefallen an der Macht
Und sei es nur, um die Lakaien jeder
Sippschaft ans Licht zu ziehn und mit dem Rüssel
In ihre Schweinerei zu stoßen.
Läßt ihn los.

                        Genosse
Dies ist die Zeit des Apparats nicht mehr.

MONJE
Wie soll ich das verstehen.

GUEVARA
                        Wie dus kannst.
Er hatte seine Zeit. Als blind die Massen
Und blicklos krochen in die Arbeit wie
In ein Schicksal. Jetzt sind sie erwacht
Und unter Schlägen, und den Schlägen auch
Der Gouvernante, die sie an die Hand nahm
Schrill wie die Herrschaft selber, die dem Diener
Das Denken austreibt und die eigne Lust:

So gängelt die sie weiter, die das spüren
Wie Moder der Vergangenheit am Körper.
Jetzt ists die Gleichheit und nicht nur das Brot
Wonach die Menge giert, die Gleichheit endlich
Sich selbst zu schaffen jeder frei, und alle
So wie der Letzte. Und nur die Partei
Nicht eingeschnürt in die geteilte Arbeit
Kann in sich selber schon die Freiheit bilden
Weil jeder in ihr gleich sein kann. Das wird sie:
Nicht Macht über Menschen sondern der Plan von Taten.
Und wo sie sich verschließt aber dem eignen
Sinn, wird das alles sinnlos, und vergessen
Muß man Parteien und Doktrinen und
Mit einigen Männern muß man und Gewehren
Aufbrechen und mit der Entschlossenheit
Das zu ersiegen.

MONJE

                Schnell trägst du deine Träume
Zu Grab, weil es nicht aufgeht wie ein Teig
Dies Brot des Volkes heute. Das ist eine
Ganz kindliche Vision, das Abenteuer
Von Ignoranten. Selber ein Diktator
Bist du, nur ohne Volk ganz, die Elite
Der Lebensmüden, Jefe maximo
Im Wald und auf der Heide. Nicht die Hoffnung
Der Massen trägt dich, nur deine Verzweiflung
An allem Leben, und deine abstrakte
Raserei wird dich konkret vernichten.
Für diesen deinen Selbstmord keinen Finger
An meiner Hand und keinen Mann von uns
Vor oder hinter dir sondern nur über
Deiner Asche, wenn du begraben bist.
Ruft:
Inti.

GUEVARA *entsetzt:*

    Was machst du.

Was ich sage, Herr.

Inti.
Wir werden hier nicht alt, auch wenn wir blieben.
Inti schweigt. Die Guerilleros und Tania.
Pack deine Sachen.
Inti rührt sich nicht.

Hörst du nicht, Genosse.
Nicht diesem blutigen Clown und Fraß der Flöhe
Folgst du auf seinem Holzweg unters Gras.
Sag ihm dein Beileid und steig aus dem Grab.

INTI

Ich seh kein Grab, Monje. Ich seh mein Leben
Wie in einem Brennglas. Elend und aller Kampf
Geballt in eine Tat. Und wenn ich sterbe
Hab ich alles gelebt mit diesen lebend.
Schreit:
Immer dir folgte ich, wär ich nicht hier
Schon und verriete die, wenn ich mich abzieh
Aus dieser kleinen Summe großen Muts.
Schwach:
Wär ich nicht mitgekommen mit dir. Mit dir
Nicht geh ich wieder, wenn du die verläßt.
Dies Leben schmecken, und dann fad ist alles
Und langsam sehr und wenig brüderlich.
Lacht irr:
Und wenn es blutig wird, dann ists e i n Blut
Wir Brüder wirklich, und ich unter Brüdern.

GUEVARA *zu Monje:*

Und daß du dich herausreißt aus dem Kampf
Genosse, mit blutender Seele, aus
Gekränktem Ehrgeiz ist das, hab ich recht
Du wolltest dir den Posten sichern hier auch
Zu deinem andern. Lauf zu deinem Posten
Daß der nicht ranzig wird, in der Partei.

MONJE
Das auch kann ich nicht mehr, denn nicht nur du
Auch ich riskierte alles, in die Büsche
Mich schlagend ohne Willen der Partei
Um dir die Wände vor dem Kopf zu zeigen
Und die nun recht gehabt hat mit dem Unrecht
Gegen mich, weil du die Wand im Kopf hast.
Ich kann nicht hier noch dort sein sondern nirgends
Ich hab den Stuhl geräumt, und säß ich drauf noch
Er kippte jetzt, weil ich mich mit dir einließ.
Und kippte er nicht, ich könnt mich nicht mehr setzen
Nach allem was ich weiß und weiß, Guevara.
Geht.

GUEVARA
Wo gehst du hin.

MONJE
                    Das weiß ich nicht. Ins Nichts.
Ab.

GUEVARA
Da geht er wie zum Galgen. Das ist auch gut.
Jetzt sehn wir klarer wer wir sind und sie sind.
Jetzt sind wir aller Kompromisse ledig
Und frei zu kämpfen, ohne zu zittern
Um jedes zarte Band zwischen den linken
Betschwestern.

INTI *zittert:*
                    Kämpfen. Wie denn wo denn was denn.
Brüllt:
He.

Zwischenspiel

*Die Andenkulisse. Bumholdt, bis zum Hals in seinem Loch, blickt
mürrisch nach oben, wo Bedray nicht mehr zu sehen, aber noch zu
hören ist.*

BEDRAY *singt:*
> Es war, als hätt der Himmel
> Die Erde still geküßt
> Daß sie im Blütenschimmer
> Von ihm nur träumen müßt.

BUMHOLDT Denis, beherrschen Sie sich.

BEDRAY *niest, singt:*
> Die Luft ging durch die Felder
> Die Ähren wogten sacht
> Es rauschten leis die Wälder
> So sternklar war die Nacht.

BUMHOLDT Seit er kopflos ist, kann er nurmehr singen. Man muß ihn in ein Opernhaus einliefern.

BEDRAY
> Und meine Seele spannte
> Weit ihre Flügel aus
> Flog durch die stillen Lande
> Als flöge sie nachhaus.
> Ho, ho, ho!

BUMHOLDT Hä?

BEDRAY Ho.

BUMHOLDT Der arme Denis. Das ist der Europazentrismus.

BEDRAY Lalala, lalala.

BUMHOLDT Er hat sich zu weit in die falsche Richtung begeben. *Schachtet angestrengt.* Hinab, hinab in die Materie, in die Geschichte, in die Tradition. Immer Mensch bleiben. *Nimmt das Gewehr ab, entsichert es, legt es auf den Rand des Lochs.* Denis?

BEDRAY Hurrah, hurrah, hurrah!

BUMHOLDT Und doch kann er seinen braven Kern nicht verleugnen. *Sieht durch den Feldstecher nach oben.* Er hat sich einen Hochstand gebaut auf einer Zeder und blickt kopflos auf die Erhebungen. Lieber ab in die Versenkung. *Schachtet unsichtbar im Loch.*

BEDRAY O.k., o.k., o.k., o.k., o.k.

BUMHOLDT *dumpf:* Verspüre ich einen H u n g e r . *Schachtet wild.*

In Mexiko sollen bei einem einzigen Festakt 20 000 Personen geopfert worden sein, und sicher hat man einen guten Teil davon gefressen. Das Land war übervölkert, man brauchte Naturaltribute vom Nachbarn, mußte also Krieg führen und hatte so den Vorwand, Kriegsgefangene nicht etwa in die Heimat abzuschieben, die ohnehin ihrer Lebensmittel entblößt war, oder in die Produktion einzugliedern, denn dann hätte man sie ernähren müssen, sondern zu fressen. Denn Fleisch war knapp, bei der Lage der Landwirtschaft. Man schätzte Menschenfleisch so hoch, daß der Conquistador anonimo den Kannibalismus in Mexiko als Ursache der Kriege bezeichnet hat. Die Priester erdachten eine Ideologie dafür. *Hält inne.* Denis. *Lauter:* Denis. *Brüllt:* Denis!

BEDRAY *singt:*

Wachet auf, wachet auf
Verdammte dieser Erde
Es nahet der Tag –

BUMHOLDT Er will nicht hören. Wer nicht hören will –

BEDRAY *singt:*

Tag –
Tag –

BUMHOLDT Jetzt reicht es mir. *Nimmt das Gewehr.* Denis, melden Sie sich. Denis, s i n d Sie es. Denis, wenn Sie es nicht sind, kann ich nicht länger Rücksicht üben. *Lauscht.* Es liegt ihm nichts daran. Ich mache mir viel zu viel Gedanken. *Zögert:* Hallo, Denis? *Entschlossen:* Das ist ja krankhaft bei mir. Also, Achtung, Denis!

Schießt mehrmals. Bedray quiekt, dann fällt sein Leichnam in Bumholdts Loch herab.

Da ist er ja. Na also.

Geräusch knackender Knochen. Mit vollem Mund:

Ein weicher Bursche . . . Alles was recht ist. Er hatte eine schöne Stimme . . . Ach, Denis. *Kaut schmatzend, wirft die Knochen aus dem Loch, beginnt schließlich wieder zu schachten.* So, vorwärts.

8

Der Aufbruch

*Schreibtisch. Guevara, nur in Hosen, hat einen Asthmaanfall,
inhaliert. Der Freund schweigt, bis es Guevara besser geht. An die
Tür schlagen lärmend Kinder.*

FREUND
  Jetzt sind es vierzig Stunden, die wir reden
  Hier eingeschlossen in dein Zimmer, Che
  Aus dem du nicht heraus als zur Vernunft kommst.
GUEVARA
  Will ich heraus.
FREUND
                 Und nicht auf die Tribüne
  Vor alle Welt, der du den Kampf ansagst
  Bleib auf dem Teppich.
GUEVARA
                        Auf dem roten, wie.
FREUND
  Auf deinem Posten, Führer, und gebraucht
  Als jeder mehr lebst du herrliche Tage
  In der Revolution. Du hast erreicht
  Das Freudigste, ein freies Volk, nicht deins
  Doch du gehörst zu ihm, du bist Kubaner
  Von ihm ernannt.
GUEVARA
                 Ich werd es immer bleiben.
FREUND
  Dann bleib in deiner Arbeit.
GUEVARA
                             An dem Tisch.
  Legt die Füße darauf.
  Als Bankdirektor, so. Als Finanzier.
  Zündet sich eine Zigarre an.

Ich der das Geld haßt wie eine Pest
Jetzt leb ich für Renditen und für Raten.
In dieser Zuckerdose der Welt ich.
Ich leb auf Raten unter Wert
Nach dem Wertgesetz, Prämien Preis Löhne
Die ganze ökonomische Scheiße.
Was habt ihr mit mir angestellt, Kubaner.
Ich in der Maske des Kapitalisten.
Ein Angestellter bin ich und wovon
Wenn ich das wüßte. Einer Apparatur
Von vorsintflutlicher Mechanik, wie aus
Batistas Zeiten oder Rockefellers.
Man muß auf das Geld scheißen, diesen Anreiz
Des kapitalistischen Bewußtseins
Der unsre Freundschaft korrumpiert auch
Bist du mein Freund noch. Kann ich dir noch sagen
Was ich denke.

FREUND

Sprich dich aus, Genosse.

GUEVARA

Willst du ein Finanzwesen haben oder ein
Neues menschliches Wesen. Nämlich wie
Die Produktion wichtig ist das Bewußtsein
Das sie produziert. Den Sozialismus
Kannst du nicht mit den morschen Waffen baun
Die der Kapitalismus liegenläßt.
Etwas Neues suchen. Die neue Ordnung
Oder nur das verbesserte Modell
Der alten, wie. Ist das der Schreibtisch, der
Mich bürokratisiert, oder ich ihn.
Stößt den Tisch um.
Die Revolution muß alle die Strukturen
Wenn sie jetzt dauern soll, infragestellen
Um brüderlich zu sein.

FREUND

Muß. Jetzt. Alle.

Das sind zu viele Worte für eine
Einfache Sache. Reicht dir nicht das Muß.
Das neue menschliche Wesen muß fressen
Und fragt nicht nach dem Besteck. Soll es fasten
Weil du das Porzellan zerschlägst der Herrschaft
Und nackt gehn auf der Messerschneide unsrer
Entschlüsse. Nach uns der Kommunismus. Aber
Vor uns der Alltag. Soll ich die Tür aufmachen.
Ich höre dich, aber ich höre die.
Sollen sie wieder dünn sein wie die Sprotten
Und verlernen ihre Milch und ihre Schuhe.
Wenn wir d i e Schlacht nicht schlagen, schlägt sie uns
Täglich mit der gewöhnlichen Waffe
Elend und Dummheit. Lern das Alfabet
Wieder, das du die Kinder lehrst.

GUEVARA

                              Sind wir Kinder.
Zu viele Worte, kann ich noch mehr sagen.
Mache die Türe auf, da liegt Vietnam.
Blutend der Dreck unter den Füßen, da
Mit denen wir gehen unsre stolze Bahn
Des Wohlstands in dem sogenannten Frieden
Ost und West, das aber ist allein.
Geliefert nackt den mörderischen Yankees
Dicht neben unsrer Feigheit, fast verlassen
Und Gleichgültigkeit, mit der wir schwatzen
Von Solidarität. Der Widersinn
Schnürt mir die Kehle zu. Es wird keinen
Sozialismus geben, wenn wir uns nicht

FREUND

                              ändern
Und brüderlich statt alles festzuhalten
Was wir besitzen dieses Eigentum
Das wir uns retten das die Völker trennt
Dies Leben für uns selbst und Ungleichheit
Und fremd und sinnlos Handel zwischen uns

Wie zwischen Kapitalisten wir Komplizen
Der Ausbeutung und Handel mit der Freundschaft
Erpressend auch den Freund im Gleichgewicht
Der Blöcke Blöcke um unseren Hals
Und Vietnam verblutet und wir sehn in die
Arena wie das Blut fließt dieses Spiel
Das uns zum Äußersten treibt. Ich höre höre.

GUEVARA

Kuba, Hoffnung der Welt.

FREUND

                       Schweig, Genosse.

GUEVARA

Alles ist wahr, kannst dus nicht hören, Freund
Was du dir sagst.

FREUND

               So kannst du nicht reden.

GUEVARA

Ich kann es nicht, ahja, ich kann es nicht.
Dann ist der Kampf unmöglich hier auch.

FREUND

                          Wir
Kommen in Teufels Küche durch dein Reden
Die Hölle des Kriegs vor Augen.

GUEVARA

                   Die Hölle des Duldens.
Was willst du machen mit mir. Kann ich bleiben
Und reden oder nicht bleiben.
Schweigen.

                 Siehst du
Ihr könnt mich nicht mehr brauchen. Wie verfährt man
Mit den zu früh zu schlau Gewesnen noch
In allen Revolutionen, Frankreich Rußland
Soll ich dir Namen nennen. Oder kannst du
Sie auch nicht hören. Hörst du sie. Das sind
Die Toten die in deinem Kopf schrein. Aber
Ihr müßt mich nicht zum Schweigen bringen.

Steht auf.

                                        Statt das

Zuende denken hier, wo ich das muß
Such ich den neuen Anfang, wo ichs darf
Zurück in den Urschleim. Hier mein Posten
Mein Bürgerpaß. Die Kubaner werden
Mich nicht länger ertragen müssen.
Lärm an der Tür.

FREUND

                                Diese

Da auch nicht, deine Kinder.
Guevara will die Tür öffnen.

                        Warte, Che

Bis wir am Ende sind. Es sind auch meine.
Sie warten seit zwei Tagen, daß wir öffnen.
Sie werden warten lernen, deine, auf
Niemand, vielleicht.
Will die Tür öffnen. Guevara stemmt sich dagegen.

GUEVARA

                Ja, ich bin niemand.

Und lieber das, als jemand der nichts tut.
Tu was du willst.

FREUND *läßt die Tür los:*

                        Ja, es ist so unmöglich

Kämpfen, daß man nur kämpfen kann. Es ist
So sinnlos, daß nichts andres Sinn hat, und
Stillhaltend bricht der Haß mir aus dem Hals
Gegen den Zwang, der uns an Drähten hält
In alter Zeit, und ich kenn mich nicht mehr.
Es geht nichts, also muß ich gehn und meine Haut
Riskiern, um meine Wahrheit zu beweisen
Und leben wieder wie ich denke.
Trommeln an der Tür.

GUEVARA   Du

Du kannst es nicht, du mußt bei deinem Volk bleiben
zeigt auf die Tür, lacht:

Das seine Schlachten kämpft auf seiner Insel.
Das ist dein Platz hier, aber meiner nicht mehr
Der seine Pflicht getan hat, euer Gast
Und zahl die Freundschaft jetzt mit meinem Abgang
Ins Bodenlose, wo die Zukunft liegt.
Ich kann das tun, was du nicht tun kannst, und
Gehn in den Kampf, der einmal deiner war, und
So bei dir bleibend bei deinem Beispiel.

FREUND *schwer atmend:*

Könnt ichs noch einmal.

GUEVARA *fröhlich:*

                     Du kannst nur noch das
Mögliche: indem du recht hast, im
Zucker der dir zum Hals steht und die Welt
Versüßt mit euerm Schweiß, die neue Arbeit.
Versenk dich in die Zucht von Ziegen und
Von Krokodilen, bau Tomaten an
Sie schmecken mir, ah, und die künstliche
Befruchtung der Fabriken oder Kühe, bleib
In unserer Revolution, Genosse.

*Der Freund stößt rasend die Tür auf. Die Kinder umringen
beide.*

FREUND

Habt ihr gewartet, wie.

DIE KINDER

                 Was macht ihr hier.
Warum ist zugesperrt. Wollt ihr
Nichts essen heute. Fisch. Wir haben Kreide.
Wollt ihr es sehen.

GUEVARA

           Kreide.

DIE KINDER

              Aus der Schule.

Schreiben an die Wände mit Kreide ihre Namen.

FREUND

Das ist sie, unsere Revolution.

EIN KIND

Warum seid ihr so still. Habt ihr gestritten.

GUEVARA

Wir, nein, wir sind ein Herz und eine Seele.

EIN KIND

Was ist das, Seele.

FREUND

Und du fliegst davon

Unsterblich.

GUEVARA

Aber ich halte mich an dir.

Springt auf seinen Rücken. Die Kinder lachen.

Nennt man dich nicht caballo, he, das Roß.

Er muß mich tragen. Mein Rosinante.

Dann bin ich Don Quijote, der in den Krieg zieht.

FREUND

Ihr seid die Windmühlen.

Die Kinder schleudern die Arme.

GUEVARA

Sturmangriff, los.

Guevara und der Freund fallen.

FREUND

Der Ritter von der traurigen Gestalt.

GUEVARA

Ach, Kinderei.

FREUND

Die linke Kinderei.

EIN KIND

Warum seid ihr so lustig.

GUEVARA

Warum nicht.

Wenn es ans Leben geht.

DIE KINDER

Wir spielen mit.

Wälzen sich ausgelassen, jubelnd auf dem Boden.

Großer Frieden

Personen

Wang, Philosoph · Gau Dsu, Bauer, Heerführer, Kaiser von Tschin · Soldaten des Königs · Soldaten Dschaus · Soldaten Weis · Fan Feh, Frau Gau Dsus · Geist · Tote Bauern · Bauern im Paradies · Hu Hai, König von Tschin · Eunuch · Personal · Dschau, Wei – Statthalter · Tschu Jün, Lyriker, Heerführer, Kanzler · Bewaffnete Bauern · Königin · Träger · Bau Mu, Chefin eines »Blumenhofs« · Mädchen · Su Su, Jing Jing, Meh Meh – Frauen Tschu Jüns · Koch · Truppführer, Aufseher · Hsien, Soldat, Heerführer · Tschu To, Magier, Beamter · Zwei Prüfer · Zwei Kandidaten, Zensoren · Hsi Kang, Gelehrter · Bauern im Feldbau · Zweiter Aufseher · Beamte · Geistersoldaten · Bezirksgott · Drei Kaufleute

Die Bühne terrassenförmig, die Höhe der Spielorte zeigt die soziale Stellung der Figuren. Die Stufen sehr hoch: Aufstieg und Abstieg mühsam und riskant. In den Kriegswirren (3, 4) die Stufen aus den Fugen. Zu Beginn des »Großen Friedens« (5, 6) die Bühne plan; während des Aufbaus der neuen Ordnung restauriert sich die Terrasse.
Die Geisterszenen im Dunkeln: das alles gleichmacht.

DARSTELLER DES WANG *ohne Kostüm:* Damen und Herrn, im letzten Jahrtausend vor unserer Zeitrechnung sprachen sich in Asien Texte herum, aufgeschrieben und gesammelt unter dem Titel HÖCHSTER FRIEDEN oder GROSSE ORDNUNG oder GROSSER FRIEDEN, aus welchem Buch ich Ihnen vorlese. *Liest:* Als der Wahre Weg noch wirkte, war alles unter dem Himmel Gemeingut. Die Weisesten wurden gewählt, die Fähigsten betraut. Man sprach die Wahrheit. Es herrschte Gemeinsinn. Deshalb sah man nicht nur in den eigenen Eltern seine Eltern, nicht nur in den eigenen Kindern seine Kinder. Die Alten konnten in Ruhe sterben, die Kräftigsten nach Kräften arbeiten, die Jungen ungehindert wachsen. Alle Männer hatten ihr Land, alle Frauen ihr Haus. Man verabscheute es, brauchbare Dinge wegzuwerfen, doch darum hortete man sie nicht etwa für sich. Man verabscheute es, seine Kräfte zurückzuhalten, doch darum gebrauchte man sie nicht etwa zum eigenen Vorteil. Die Niedertracht hatte keinen Boden, Raub und Gewalt sahn kein Land. Man mußte die Tore nicht verschließen. Das hieß der Große Frieden. *Lacht, lauscht.*

STIMMEN *über Lautsprecher:* IM GROSSEN FRIEDEN IST IN DEN HERZEN KEIN HASS, IN DEN HÄLSEN KEIN STREIT. DIE ANNALEN DES KRIEGS SIND LEER, FLAGGEN UND BANNER NICHT VERWIRRT IN DEN WEITEN SÜMPFEN. / HA, DAS GESETZ LIEGT WIE MORGENTAU AUF DEM LAND. ES UNTERSCHEIDET NICHT FEINE UND UNFEINE, SIE STEHEN AUF EINER STUFE. / HA, DIE MENSCHEN HABEN ZUTRAUEN WIE VÖGEL IM GEÄST, UNVERGLEICHBAR DER FAMILIE. SO KÖNNEN SIE OHNE UNTERSCHIED ZUSAMMENWOHNEN. / NATURKATASTROPHEN UND SCHLECHTE MUTATIONEN SIND BESEITIGT, UND GLÜCKVERHEISSENDE OMINA TRETEN HERVOR, SO DASS DIE LEUTE URALT WERDEN UND WER IMMER SIE SÄHE VERGESSEN MÜSSTE, DASS ER SELBST ALTERT, UND DIE MINISTER VOR GLÜCK GLÄNZEN UND NOCH UNTER DEN WÜRMERN UND FLIEGEN FREUDE LEBT. / HA, HIMMEL UND ERDE STRAHLEN MIT DOPPELTER HELLE, SIE DRINGT BIS IN DIE ACHT ENTFERNTEN GEGENDEN, UND DIE VIER BARBARENSTÄMME SEHEN ES UND EILEN HERBEI, SICH ZU UNTERWER-

FEN. / DIE GROSSEN WEISEN KOMMEN VON SELBER UND HELFEN DEM HERRSCHER REGIEREN, OHNE ZU VERSCHWINDEN. / HA, WENN GEMEINSINN HERRSCHT, IST KEIN KLEINER FRIEDEN WIE JETZT SONDERN FRIEDEN SCHLECHTHIN. / HA, MANN UND FRAU NEHMEN SICH HIMMEL UND ERDE ZUM VORBILD, DREIHUNDERTFÜNFUNDSECHZIGMAL IM JAHR VERKEHREN SIE MITEINANDER UND TAUSCHEN IHRE FLUIDA AUS, OHNE MÜDE ZU WERDEN. / REIN UND UNSCHULDIG WIE SIE SIND, WACHSEN DEN MENSCHEN KEINE TRICKREICHEN HERZEN. SIE FÜHLEN SICH WOHL, WENN IHR MUND GEFÜLLT IST, UND LUSTWANDELN BAUCHTÄTSCHELND EINHER. HA, WIE BRÄCHTE MAN ES FERTIG, DIE ABGABEN ZU VERVIELFACHEN UND DIE STRAFEN ZU VERHÄRTEN, UM DEM VOLK FALLEN ZU STELLEN? / HA, WER WIRD NOCH EIN RÄUBER UND REBELL, WER RUINIERT SEINEN NAMEN? SOBALD ES ABER SOLCHE MENSCHEN NICHT GIBT, GIBT ES KEINE SOLCHEN GEDANKEN. INNEN UND AUSSEN WERDEN EINS. / HA, MAN KENNT NICHT DIE VERWIRRENDEN REGELN VON AUFSTIEG UND ABSTIEG. / HA, ALLE HABEN KONTAKT ZU DEN GÖTTERN UND DEM HIMMEL. / SPIESSE UND PANZER LIEGEN ZERNICHTET, DIE ARME HÄNGEN LÄSSIG, NUR ZUM GRUSS ZUSAMMENGELEGT UND NICHT MEHR BENUTZT, EINANDER ZU VERLETZEN. MIT GLEICHEM SINN TUT MAN NUR GUTES, UM DEN HERRSCHER ZU ERFREUEN. / HA.
Darsteller des Wang grinst, ab.

1

Der Staat Tschin. Landleben im letzten Jahr der Regierung des Königs Hu Hai

1.1
Hütte. Soldaten, schlagen mit Lanzen aufs Dach. Bauer.

ERSTER SOLDAT
  Die Hirse für den König.
ZWEITER SOLDAT
                    Bist zu taub.
  Schlagen auf die Hütte. Bauer springt hin und her.

ERSTER SOLDAT

Er kennt uns nicht. Gestern war er kulanter.

BAUER

Ja, Herr.

ZWEITER SOLDAT

Heute ist auch ein Tag. Zahl den Tribut.
Bauer schlägt sich an die Stirn.

ERSTER SOLDAT

Soll ich dir helfen, daß es in den Kopf geht.
Wenn sich dein König durchringt, zweimal in seine Tasche zu
greifen, willst du ihm die Hand festhalten, Bauer. Wem gehört
die Erde.

BAUER

Dem König, Herr.

ERSTER SOLDAT

Jetzt hat ers drin.
Schlägt ihm auf den Kopf.

ZWEITER SOLDAT *lacht:*

Verzeih es deinem König.
Soldaten mit der Hirse ab. Andere Soldaten.

ERSTER SOLDAT

Der Tribut, wie es Brauch ist, wenn du
Uns bescheißt, ist es gleich aus.
Bauer knickt in die Knie.

ZWEITER SOLDAT

Da haben wir dich schon. Wem ist die Erde.

BAUER

Dem König, Herr.

ZWEITER SOLDAT

Er lügt mir ins Gesicht.

ERSTER SOLDAT

Dafür stehst du uns grade.
Spießt ihn auf.

ZWEITER SOLDAT Nennst du das einstehn für einen Irrtum, Schuft,
wenn ich dir sage, daß das die Erde des Statthalters Dschau ist
solange du denken kannst, das sind drei Tage. Was blickst du in

den Himmel, siehst du dort Land, das ihm nicht gehört, wir
schicken dich hinauf als seinen Knecht. Wie war der Name.

BAUER

Dschau.

ERSTER SOLDAT

Sieh an, er weiß es. Geht dem Freund zur Hand.
Soldaten stülpen die Hütte um.

BAUER

Wovon soll ich leben.

ZWEITER SOLDAT

Von der Erde.
Stopfen ihm den Mund mit Erde, ab. Andere Soldaten.

BAUER *von Lachen geschüttelt:*

Der Tribut für wen. Ich hab nichts, greift zu.
*Soldaten dringen in die Hütte, sie zerfällt. Sehn eine Frau, stehn
starr vor ihrer Schönheit.*

ERSTER SOLDAT

Er hat nichts, aber er hat einen Schatz.
Die Frau schreit.

ZWEITER SOLDAT

Was auf der Erde wächst, gehört dem Wei.
*Bauer stürzt sich auf die Soldaten, sie trampeln ihn in den
Schlamm.*

DRITTER SOLDAT

Sie jault wie eine Hündin. Bück dich, Tier.
*Legen der Frau einen Strick um den Hals, ziehn sie auf den
Knien fort. Bauer steht benommen auf. Die Erde dröhnt:
Hacken/Traktor/Industrie. Zugleich Keuchen/Schläge/Exeku-
tion. Bauer springt auf dem Fleck, als werde der Boden heiß.
Rennt so schnell er kann davon.*

1.2
*Bauer schläft. Geist der Revolution schwebt herab. Bauer setzt
sich mißmutig auf. Geist öffnet einen Vorhang vor seinen Augen:
gefallene Bauernheere. Die Toten erheben sich, nehmen ihre*

*Waffen. Bauer gähnt usw. Geist zieht einen andern Vorhang auf:
das Paradies. Bauer, amüsiert, steht auf, um hineinzugehn. Er
kommt nicht von der Stelle. Geist zieht ein Schwert aus seinem
Haupt, übergibt es dem Bauern. Der dreht es in den Händen. Geist
schwebt auf, die Bilder verlöschen. Bauer will sich mit dem
Schwert töten. Geist fällt ihm in den Arm. Führt ihn fort.*

2

**Versuch des Philosophen Wang, den König auf den Wahren Weg
zu führen. Die Statthalter unterrichten den Herrscher von
Veränderungen im Reich**

Thron. Der ungeheuer dicke König Hu Hai. Wang. Eunuch.

WANG *heiser:* Die weisen Könige des Altertums waren nicht arm
an Gut und Geld,
Hu Hai blickt auf.
aber sie sorgten sich, daß sie arm sein könnten an Einsicht in
den Wahren Weg.
Hu Hai nickt ein.
Die weisen Könige des Altertums waren nicht arm an Gewän-
dern und Waffen,
Hu Hai blickt auf.
aber sie sorgten sich, daß ihnen das Kleid der Tugend nicht
passen könnte.
Hu Hai nickt ein.
Diese weisen Könige schliefen –
stampft mit dem Fuß. Hu Hai rekelt sich.
schliefen auf weichen Kissen, und bauten doch die Ordnung,
sie aßen von vollen Tellern, und verbreiteten doch das
höchste ... *erschöpft* Glück – *Empört:* Schläft der Mensch
nur?
EUNUCH Siehst du nicht, daß du dem König auf den Docht gehst?
Er ist ganz matt von deinem Text.

WANG Ich sehe nicht ein, warum ich bei einem Kleinen Menschen weilen soll, unbegabt, dem Weg der wichtigen Worte zu folgen. *Nimmt seine Schriften.* Drei Tage rede ich ihm von seinem Glück, und er nimmt es nicht zur Kenntnis. Drei Monate wate ich durch gelbe Erde und den Schlamm etlicher Flüsse und esse ungemischte Kost, und er läßt mich, wie jeden beliebigen Präfekt, bei seinen Hunden warten. Ich schlafe im Hühnermist, Herr. So behandelt man die Wissenschaft im modernen Asien. An die vierzehn Fürsten habe ich versucht aus dem Sumpf zu ziehn und habe auf Granit gebissen. Wohin man sieht, das anmaßende Grinsen der Beschränktheit. Von den Behörden schweige ich, deren Impotenz Bedingung ist, den Staat zu tragen.

Gewalt und Dummheit, und das Volk auf Knien
Wie seine Weiber, die er schockweise stemmt.
Das Land verfault, Herr. Die Zeit geht fremd.
Setzt seine Kappe auf, will ab.

HU HAI *hellwach, erfreut:* Wer ist die Sau.

EUNUCH Der Philosoph Wang, Euer Hoheit.

HU HAI Ich entsinne mich.

Wie lang ist der dein sogenannter Weg.

So lang, ah. Ich aber lebe jetzt.

Steht auf: Ich bin nun mal ein Schwein, ich kenne mich doch, da leg ich Wert drauf. Wozu habe ich die Riten, wenn ich mir nicht ein Loch laß, nach dem mir der Sinn steht, was heißt Sinn. Mein Speer steht mir nicht nach Höherem, mein lieber Schwan, ich bin nicht klug genug für deine Lehre. Ihr müßt schon ein wenig Geduld haben, Herr. *Klimmt eine Stufe herab.*

WANG *bereitwillig:* Ja, der König Wen von Tschu war auch ein großes Schwein vor dem Himmel, in seinem Park betrieb er ausgesprochene Sauereien mittels vortrefflicher Tiere und abgerichteter Frauen, deren Schönheit bewirkte, daß die kahlen Bäume ausschlugen und die geilen Kanarienvögel explodierten. Der Park war so groß, siebzig Quadratmeilen, so steht es geschrieben –

HU HAI Wie, so groß?

WANG Das Volk hielt ihn noch immer für zu klein.

HU HAI *eine weitere Stufe herab:* Mein Park mißt vierzig Meilen, und dennoch erachtet ihn das Volk als zu groß.

WANG Ha, der Park des Königs Wen hatte siebzig Meilen, aber wer hineingehn wollte, Gras schneiden oder Holz lesen, konnte es tun. Wer hineingehn wollte Fasane schnappen oder Karauschen angeln, konnte es tun. Der Park hätte viel größer sein können, und dem Volk wär er noch zu klein gewesen.

HU HAI *drei Stufen herab:* Das leuchtet mir ein.

WANG Oder groß wie das Land Tschu, und das Volk hätte nichts dawider gefunden.

HU HAI *zieht Wang eine Stufe hoch:* Logisch. Logisch.

WANG Der König besaß ihn also in gleicher Weise wie das Volk.

HU HAI *fixiert Wang:* Halt. Überlegt. Läßt sich vom Eunuchen eilig die Stufen hinaufhieven.

WANG Das ist der Sinn des Wahren Weges, daß der König alles in gleicher Weise wie das Volk besitzt.

HU HAI *oben:* Tötet ihn.

Personal. Schlachten Wang unter Anleitung des Eunuchen, legen die Teile Hu Hai vor. Der blickt wütend zur Stelle, wo Wang gestanden hat. Dschau, Wei, Tschu Jün, in Kriegsrüstung, höchst flüchtiges Zeremoniell. Personal ab.

DSCHAU

An der Arbeit, Herr.

WEI

Laßt Euch nicht stören.
Die Lage wie folgt, falls Ihr ein Ohr habt
Für Dinge, die Ihr nicht mehr ändert, Herr.

DSCHAU

Und wir nicht. Nämlich die Grenzen sind
Unverletzlich, sind sie erst gezogen
Meine nördlich langt jetzt übern Fluß
Und begreift Yen ein.

HU HAI

Ihr habt Yen genommen.

DSCHAU

Es konnte sich nicht halten gegen Dschau.
Nennt wie Ihrs wollt. S ist trockner Boden, Herr
Kaum malerisch. War es nicht meine verdammte
Pflicht, es zu melden.

HU HAI

Das ist richtig, Dschau.

WEI

Gleichwie die Berge morgens, die mein Blick
Immer geliebt hat, mir jetzt angehören.

HU HAI

Die Berge morgens, wie. Mann, das ist Sung.

WEI

Sung gibt es nicht mehr. Ich hab es geschluckt.
Zeigt einen Kopf.

HU HAI

Er hatte Söhne.

WEI

Hatte er, ist wahr.
Ich leugne es nicht. Das sind die Tatsachen.

HU HAI *zum Kopf:*

Mein Freund.

TSCHU JÜN

Sprecht mit dem Toten nicht so roh
Es ziemt sich nicht.

HU HAI

Wer ist der freche Mensch.
Reißt ihm das Maul aus.

DSCHAU

Der Statthalter von Tschu.

HU HAI *verblüfft:*

Von Tschu. Da irrt er sich. Den kenne ich.

TSCHU JÜN *kalt:*

Ich hab ihn auch gekannt.

HU HAI *verwirrt:*

Neuigkeiten.

TSCHU JÜN

Viel Neues, heißts bei den Alten, und nichts Gutes.

HU HAI

Sein Name. Ein Mensch ohne Namen mit einem
Kopf voll Dreck.

TSCHU JÜN

Wärs so. Ihr überschätzt mich.
Mein Name, fürcht ich, hat gewissen Klang
Bei Kennern schöner Verse. Letzterer
Der harten Maße wegen, lieb ich Schlachten
Und Umgang mit Gemeinem. Herr, die Kunst
Giert nach Leben.

WEI *lacht:*

Wessen, wenn man fragt.

HU HAI *aufgebracht:*

Ich will Tschu sprechen. Was sagt Tschu dazu.

TSCHU JÜN

Was soll er sagen, Herr. Er kann nichts sagen.
Zeigt einen Kopf. Hu Hai springt entsetzt auf.

HU HAI

Mein Schwager.

DSCHAU *zu Tschu Jün:*

Seiner Nebenfrau Bruder.
Jetzt muß sie hängen, wenn Ihr Tschu seid. Seid Ihrs.

TSCHU JÜN

Ist das die Sitte.

DSCHAU

Kann sie Seine Frau sein
Wenn Tschu, ihr Bruder, tot ist und Tschu lebt
Und ist nicht ihr Bruder.

HU HAI *zum Eunuchen, schreit:*

Ruft die Frau.

TSCHU JÜN *für sich:*

Dies blutige Land, stumpf von Gehorsam, blind
Seine Regeln kauend, rettet nichts
Als sein eigener Schrei aus seinem selber

Zerrissenen Leib.

Eunuch bringt die Frau. Hu Hai sieht Tschu Jün an.

HU HAI

                  Nun, werter Herr
Ihr kennt die Sitten, sagt nun wer Ihr seid.

EUNUCH

Ist das dein Bruder, Frau.

Die Frau stürzt zuboden. Zu Tschu Jün:

                  Bist du jetzt Tschu.

Tschu Jün neigt seinen Kopf. Hu Hai sinkt auf die Frau.

HU HAI

Grolle mir nicht, wenn du dort unten bist
Bei den neuen Quellen, Liebste. Bringt sie weg.

Eunuch reißt die Frau weg.

WEI

Er hat Euch unterschätzt.

TSCHU JÜN

                Ihr seid wie Kinder.

Zieht das Schwert:

Jetzt, auf den Weiden vor der Hauptstadt, seh ich
Meine Tiere. Was, das Land ist gut
Ich red mich nicht heraus. Die Tiere daselbst
Sind mir zugelaufen. Wo soll ich sie lassen.

Schweigen.

Die Äcker in der Ebne, samt kleinen
Pfirsichbäumen und mehreren Städten, verschont
Künftig mit fremdem Anspruch. Der mich wurmt.

HU HAI

Das ist Verrat. Die Truppen.

DSCHAU

                  Sind beschäftigt.

Die Basis ist porös. Die Bauern ziehn
In Haufen durch den Wald, Herr.

WEI *sofort:*

                  Angesichts
Besonderer Umstände, die Euch entgegen

Sind und uns günstig, wäre ich bereit
Wie diese Herrn, Ihr macht zum König uns
Jeden auf seinem Grund.
Wei und Dschau klimmen die Stufen hinauf. Hu Hai will sie
hinunterwerfen.

TSCHU JÜN

                    Ein Jeder König
IN GLEICHER WEISE, wie der Slogan geht
In der Tiefe, und bis an den Thron steigt
Die Stufen überspringend bis der tanzt.
Rasch hinauf.

HU HAI

Ich bin der König.
Wei, Dschau, Tschu Jün lachen, besetzen den Thron.
Einen Strick.
Eunuch bringt vier Stricke.
               Hab ich gesagt vier.
Eunuch verteilt die Stricke. Hu Hai steckt seine Kappe unters
Hemd, in Panik ab.

TSCHU JÜN

Ins Feld, Ihr Herrn.

3

207 – 206 v. u. Z. Die drei Schlachten bei Hsien-Yang.
Der Bauer Gau Dsu triumphiert über drei Generale

3.1

Binsenfeld. Soldaten, vorüber. Andere Soldaten, vorüber. Bewaff-
nete Bauern, fliehn vorüber. Gau Dsu: der Bauer aus 1.

GAU DSU *keucht:*

Das war, vor ich die Luft anhielt, ein Feld.
Das hat es hinter sich. Drei Heere
Die sich schlachten um den Thron, der König heillos

In den Wiesen, jagen den Hauptfeind
Der aus dem Acker kriecht. Der Witz davon:
Es darf ihn keiner kriegen. Wer ihn kriegt
Ist König. So viele
Verwirrende Feinde, und meiner Mutter Sohn
Hat fast keine Angst im Kopf
Wenn er denkt.
Soldaten. Gau Dsu will flüchten, bleibt mit der Sandale in einem
Strauch hängen.

ERSTER SOLDAT

Ein Fleisch im Strauch. Wie tot.

ZWEITER SOLDAT

       Für wen bist du

Tot, Schuft.

GAU DSU *zittert:*

     Für den großen Schlächter, den klirrenden
Statthalter aus Eisen.

ERSTER SOLDAT

     Unsern Feldherrn Wei.
Du stehst vor ihm.

WEI

    Was bringt er.

ZWEITER SOLDAT

     Dieser Mann
Glaubt, daß er tot ist in einem dunklen
Bezug zu Euch.

GAU DSU

    Nein, nicht zu Euch, zu dem angst-
Einjagenden Helden, der Spieße frißt
Wie Stroh, ihr Herrn.

WEI

    Was faselt dieser Bauer.

GAU DSU

Nennt mich nicht Bauer, der Beruf ist tot
Weil dem der Tod Beruf ist, Bauern metzelnd
Wie Hühner seit der Frühe, saht ihr einen

112

Der nicht was kürzer war als seinen Kopf
Den der aufs Feld pflanzt, seins, als Ausweis blutig
Heißts, für den Thron.

WEI

                Als Ausweis für den Thron.

DRITTER SOLDAT

  Seit der Frühe. Bauern.

WEI

              Wo ist der Hund.

GAU DSU

  Er hält sich hier im Wald.

WEI

               Dschau oder Tschu.
Ich wußt es, daß er, ein schartiges Schwein
Seinen Schnitt macht an ihren Hälsen.
Faßt Gau Dsu an die Kehle.

                   Ist es das.

GAU DSU

  Genau, Herr.

WEI *laut:*

        Ruft ihn.

ZWEITER SOLDAT

           Wen.

WEI

              Tschu oder Dschau.

SOLDATEN *lustlos:*

  Tschu/Dschau

WEI

            Nennt ihr das schrein. Blökt man
So in den Krieg.

SOLDATEN *schwächer:*

           Tschuau.

WEI *zu Gau Dsu:*

               Ja, wenns Bauern
Wärn, gleich stürzt das auf das Feld, Säue klaun
Und mit dem Speer die Kammern öffnen für

Ein Getümmel in haarigen Löchern.

SOLDATEN *nurmehr klagend:*

Dschauuu.

WEI

Gegen Männer

Hat das kein Herz.

ZWEITER SOLDAT

Was nun.

WEI

Das ist nichts.

Brüllt unglaublich:

Dschau.

Währenddessen Dschau, Soldaten.

DSCHAU

Und was bedeutet das nun. Übt Ihr, mich
Zu grüßen, Freund.

WEI *kollegial:*

Hört zu, die Sache machen
Wir unter uns. Ihr wollt den Thron.

DSCHAU

Mag sein.

Wollt Ihr ihn nicht.

WEI *seinen Spieß prüfend:*

Das ist nicht die Frage.
Ehe Ihr weitergeht in dem Geschäft
Müßt Ihr durch diesen Spieß.

DSCHAU

Ein schönes Ding.

Schlägt ihm den Mantel zu:
Ihr holt Euch in der Morgenluft den Tod.

WEI

Indem es Krieg ist, Herr.

DSCHAU *zu seinen Soldaten:*

Es kann etwas dauern.

WEI

Sie werden warten können.

DSCHAU *hebt seinen Spieß:*

Wenn Ihr zäh seid.
Es wird kein Kinderspießen.
Gibt Gau Dsu seinen Mantel:

Haltet das.

WEI

Ans Werk.

GAU DSU

Gute Verrichtung, Herr.

DSCHAU

Macht los.
Kampf. Dschau fällt mit einem kurzen Laut. Wei zerhackt ihn.

WEI

So klanglos, guter Freund. Räumt die Truppen
Weg.
Dschaus Soldaten fliehn, verfolgt von Weis. Gau Dsu schaudernd über der Leiche.

GAU DSU

Der, sagt Ihr, ist Dschau.

WEI

Ja, und weiß
Vom Tod geschminkt.

GAU DSU *tollkühn:*

Dann ists der Falsche, sag ich.

WEI

Wie.

GAU DSU *wegwischende Geste:*

Gings nicht um Bauern.

WEI

Die er, sichelnd
Zum Thron sich häuft.

GAU DSU

Wer. Nicht Dschau.

WEI

Wer denn, Mensch.

115

GAU DSU

Noch mal von vorn. Einer will König sein.

WEI

Machst du mich zum Witz.

GAU DSU

Gleicht das nem König.

Ich war dabei, das ist sein Mantel, Herr
Der schwache Eintopf aus wäßrigen Knochen, Ihr
Habt ihn selbst verrührt. Hätt ich mich dem verdingt.
Zurück zum Thema. Der Fleischer, der mit zwei
Armen Heere schleift untern Sand, im Rücken
Blut, das Mühlen antreibt. Der allerdings
Wovon ich ausging, bekannt ist mit dem Namen
König, vor ers ist.

WEI

Tschu, der milchige
Knabe von der Lyrik.

GAU DSU

Ha, da haben wirs.

Ruft ihn.
Ruft:

König Tschu.

WEI

Nicht König.

GAU DSU

Bitte.

Seht wie Ihr hinkommt.

WEI *brüllt:*

Tschu.

Tschu Jün, steigt über die Leiche. Soldaten.

TSCHU JÜN

Ich finde Euch

In guter Muße, das unsinnige
Gerangel um den Vorsitz aufzuklärn
Mit kleinen Schnitten am Puls der Zeit. Der Krieg
Wiewohl ich ihn verachte schwächerer

Neigung wegen, löst vieles. Langer Groll
Verdickt das Blut, die Sprache wird unsinnlich
Verständnis Zufall. Laßt uns freundschaftlich
Mit Eisen ausgleichen was hindert
Das Fleisch zu leben.

WEI

               Ich versteh nicht gut
Eure Lyrik, Herr. Jedoch versteh ich, Ihr wollt
Das Eisen schmecken.

TSCHU JÜN

            Habt Ihr eine Hand
Es zu führen. Ich seh Euch scheußlich alt.

WEI

Habt Ihr nicht Weiberwangen, fett vom Schleim
Eurer Huren.

TSCHU JÜN

         Schlägt Euch nichts mehr aus
Stoßt mit dem Eisen.

WEI *reißt sich den Mantel ab, zu Gau Dsu:*
           Halt, Junge, das auch.

GAU DSU

Auf mir bleibts hängen.
Soldaten Weis zurück.

WEI

            Laßt das Werkzeug draußen
Ein neues Hacken.

SOLDATEN

        Auch gut. Ein Aufwasch, Herr.

TSCHU JÜN

Mit eurem Blut.
Seine Soldaten um ihn.
        Dort ist der Spülicht Tschins.

WEI

Raus aus dem Käfig, Vogel.

TSCHU JÜN

        In die Luft

Die dir ausfällt.

Kampf.

SOLDATEN

Tschu/Wei/Tschu/Wei/Tschu

GAU DSU *lacht:*

Auf, ihr Engerlinge

Im Sold, marschiert ins Eisen. Die Erde
Um die sie streiten, hab ich an den Händen.

*Wei stirbt mit lautem Gebrüll. Tschu Jün sieht ihm erstaunt
zu.*

TSCHU JÜN

Entwaffnet sein Schlachtvieh.

Seine Soldaten überwältigen die des Wei.

Armes Volk

Versaut ganz für den Frieden. Stecht es ab.

Morden sie. Gau Dsu, schreckbleich, erbricht sich.

Verschon die Mäntel, Mensch. Wo bist du her.

*Gau Dsu läßt die Mäntel auf die Leichen fallen, will davon.
Soldaten halten ihn.*

Raus mit dem Text.

SOLDAT

Eines Bauern Hemd.

Stinkend nach Erde.

GAU DSU

Gau Dsu. Und mein Heer

Liegt im Strauchwerk, bis wir unsern Gang
Erledigt.

*Soldaten lassen ihn lachend los. Nimmt sein Schwert. Tschu Jün
sprachlos.*

Geht dahin, Herr. Gut, bleibt. Jetzt

Müßt Ihr doch den S p i e ß nehm.

Pfeift. Bauern. Soldaten springen zurück.

Arbeitet, Herr.

*Tschu Jün greift mechanisch an, Spieß gegen Schwert. Hält inne,
schüttelt den Kopf, geht zu Gau Dsu.*

TSCHU JÜN

Gau Dsu.

Geht zurück, dann wieder auf ihn zu.

        Dein Heer.

Will ihn niederstechen. Gau Dsu wehrt ihn ab. Furchtbarer
Kampf. Bauern und Soldaten stehn gelähmt. Gau Dsu hält sich
nur mit Glück auf den Beinen. Dunkel, sie fechten weiter. Hell.
Bauern und Soldaten schlafen.

GAU DSU

Jetzt werkeln wir vier Tage, Herr. Gebt auf
Ich mach Euch nicht das Frühstück.

TSCHU JÜN

                          Sagst du Frühstück.

Halten ein. Essen aus einem Topf. Tschu Jün plötzlich voll-
kommen erschöpft:
Laß es bewenden mit dem Anfang. Später
Sehn wir weiter.

GAU DSU *hält sich an Tschu Jüns Spieß:*

             Richtig. Nichts übereilen.

TSCHU JÜN *am Boden:*

Tschu Jün.

GAU DSU

         Gau Dsu.

TSCHU JÜN

              Freue mich. Die Arbeit
Schmeckt milder, die man teilt.

GAU DSU *legt sich:*

                Ich teile gern.
Das ist der Kriegsgrund, Herr.

TSCHU JÜN

              Ein Grund auch wärs
Für Frieden.

GAU DSU *nach einer Weile:*

         Wer denkt denn gleich sowas.

TSCHU JÜN

                 Als Freund

Von Wendungen ins Unfaßliche, den zähen
Gang biegend, unerwartet dem stumpfen
Sinn der Planung, seh ich die Dinge die kommen
Gelassen, Herr.

GAU DSU

        Denkt Ihr den Kampf also
Einzufrieren, bis der Thron getilgt ist.

TSCHU JÜN

Getilgt, und leer der erste Platz und alle
Ihre Kräfte schmeckend, auf einem. Herr
Der Vermögende scheut nicht die Gleichheit.

GAU DSU *steht auf:*

So seid Ihr der Sieger. Laßt trommeln, Feldherr.

TSCHU JÜN

Feldherr seid Ihr auch. Gebt den Befehl.

GAU DSU

Trommeln.
Trommeln. Soldaten und Bauern erwachen, aufeinander los.

TSCHU JÜN

      Steht. Hier ist kein Feind.
Gemeinsam auf den König.
Bauern und Soldaten umarmen sich lautlos. Dann

GESCHREI

        Schlagt den König.

TSCHU JÜN

Weil wir den Kampf aussetzen, Freund, mein Wort
In der Hauptstadt hab ich ein paar Tauben:
Scharf, Ihr könnt sie braten. Teilen wir.

GAU DSU

Mit allen.
Alle unter Trommeln ab.

3.2

*Hu Hai in einer Sänfte, geschleppt von zwanzig Trägern. Königin
in einer anderen Sänfte, getragen von zweien.*

HU HAI Beeilung, meine Herrschaften.
Träger setzen die Sänfte ab.
ERSTER TRÄGER Entschuldigt.
Rauben König und Königin aus auf die Haut.
KÖNIGIN Was gibt es, König.
HU HAI Nicht so brutal, Mensch.
*Träger ab bis auf einen, der ihm die Schuhe auszieht. Hu Hai
steigt aus der Sänfte, steht, lacht gekitzelt:*
Was ist das.
ZWEITER TRÄGER Die Erde, Hoheit. Gras.
HU HAI Die Erde, ah. *Geht.* Das ist die Erde. *Befühlt sie.* Gut,
wie?
KÖNIGIN Ich setze keinen Fuß darauf.
HU HAI *gereizt:* Tu, was du nicht lassen kannst.
KÖNIGIN Ich tu es nicht. *Wirft sich in der Sänfte auf den Rücken.*
Komme was will.
ZWEITER TRÄGER Es gibt Soldaten, Madame.
Königin lacht nervös. Hu Hai entfernt sich.
HU HAI Was sind das für Wesen.
ZWEITER TRÄGER Unbeschnittene Bäume.
HU HAI Erstaunlich. Die stehn so da.
Träger mit Hu Hais Schuhen ab.
Ein Feld, natürlich. Etwas wächst. *Greift hinein.* Wieder Erde.
Nach hinten ab.

4

Die Helden der ersten Stunde

Trümmer. »Blumenhof«. Bau Mu. Wang. Entfernt Trommeln.

WANG
Schließ dein Etablissement. Die Zeit ist aus
Für Herren und für Huren.

BAU MU
                                    Ich habs schriftlich.
Weißt du, was ihr euch einbrockt mit der Sünde
Die Mädchen auszusperrn.

WANG
                                    Die Magerstuten
Dürfen auf die Weide. Eine neue
Epoche, Mutter. Veteranin auf
Dem Schlachtfeld des erhobnen Speers.

BAU MU
                                    Du Sau.
Soll ich dir sagen was deine neue Zeit macht, wenn sie die
heiligsten Institutionen antatzt mit ihren Bauernpfoten. Ich,
Bau Mu, seit dreißig Jahren in der Firma, gedient von der Pike
auf, ich weiß was ich sage, die Freude ist eine menschliche
Voraussetzung wie Beton. Der Bauer hats im Stall, aber der
Staat hat mehr Personen, die auf Achse sind, wer soll sie ihnen
schmieren. Wie soll denn der Reisende seiner Gefühle Herr
werden, wenn ihr die Rasthäuser entblößt und er auf dem
nackten Tuch liegt, wollt ihr Gewaltverbrecher züchten. Die
schöne Rede verkommt, die Tanzkunst schläft ein, die Musik-
pflege im Arsch, Herr. Ihr vergewaltigt das Kulturerbe aus
bloßer Schamhaftigkeit, die Zivilisation lebt von den Privilegien, greift sie an und wir sinken in die Steinzeit.

WANG Hörst du die Trommeln. *Vernagelt die Tür.*
Solln dir die Truppen deinen Stall ausmisten.

Die Privilegien sind abgeschafft
Die Revolution macht keinen Bogen um
Dein Loch, Verehrteste, sie zieht hinein.
Du wirst arbeiten wie die Blümlein selber
Aus denen du dein Heu machst. Jetzt sind alle
Gleich, gewöhn dich dran.

BAU MU

                                Aber das Loch ist zu.

WANG

Arbeit allen, Gleichheit allgemein
Die Parasiten kennst du am Schrein.
*Mädchen springen aus den Fenstern. Gau Dsu, Soldaten. Bau
Mu mit ihren Geldtaschen ab.*

MÄDCHEN

Soldaten.
Schreien. Soldaten nähern sich sacht.

SOLDATEN

                         Fangt sie. Blumengewächse.

MÄDCHEN

Sie tun uns nichts.
Bleiben verblüfft stehn. Stumme Verbrüderung.

GAU DSU

                            Ein Anblick.
Faßt Fan Feh: die Frau aus 1. Sie steht starr.

SOLDATEN *ausgelassen:*

                                Frauen. Frauen.

FAN FEH

Wer ist das.

WANG

                        Zittert sie. War das die Tour
Wie sie sich wegwirft.

EIN SOLDAT

                          Unser Held Gau Dsu.

MÄDCHEN

Gau Dsu der Krieger –

GAU DSU

Frau.

Läßt sie los. Schweigen.

MÄDCHEN

Er ists. Der Bauer.

Jetzt schlägt er sie tot.

FAN FEH

Lebt Ihr und heil. Ich

Wünsch Euch Glück, Herr.

GAU DSU

Halt. Bin ich ein Herr.

Was ist das, Glück.

FAN FEH

Ihr hattet keins mit mir.

MÄDCHEN

Fan Feh die Schöne. Laß den Held nicht anstehn.

GAU DSU

Was schwatzt ihr. Bin ich nicht dein Mann.

FAN FEH

Ihr und jeder, der über die Schwelle kam.
Wollt Ihr mich nehmen nach den andern, Herr.

GAU DSU

Vor ihnen war ichs. Bist dus nicht nach ihnen.
Auf Knien geschleift vom Feld, mehr weiß ich nicht
Nur daß du mir gehörst.

Packt Fan Feh. Tschu Jün mit Su Su, Jing Jing, Meh Meh.

Seht ihr ne Frau hier.

Ne Königin, wenn ich sie liebe. Verpfeift euch
Auf diese Spieße. Macht zum König jeden.

*Soldaten mit den Mädchen ab. Wang vernagelt die Fenster. Fan
Feh reißt sich los.*

TSCHU JÜN

Was treibst du, Bruder.
Fan Feh umschlingt Gau Dsu.

GAU DSU

Bist du toll.

124

TSCHU JÜN

Hast du dich

Eingedeckt. Hier bring ich meine Tauben
Zu deiner Nutzung. Su Su, ein gutes Baujahr
Ein Tempel blüht ihr Schoß für ein Gebet
Morgens und abends. Jing Jing die selbstlose
Nimmt nichts zu sich außer Liebe flüssig.
Meh Meh, die kluge Zunge, flüstert einen
Text, der dir den Leib sprengt, sieben
Sätze und dein Inhalt strömt.

MEH MEH *flüstert:*

ORegen

AufmeineFüße ichwilldurchPfützengehn

TSCHU JÜN

Das war der erste.
Wang haut sich auf die Finger.

GAU DSU

Laß sie flattern. Mein
Bedarf ist diese Frau.

FAN FEH

Wenn mir so ist

Mein Herr, kann sein mir ist oft so.
Gau Dsu steht verwirrt. Tschu Jün lacht.

MEH MEH

Menschüberschwemmmichnichtichfließeweg
GibmirdeinkleinesPaddelindenKahn

GAU DSU *schreit:*

Bringt meine Frau zu meinem Zelt.
Frauen ab.

TSCHU JÜN

Du sagst

Zu häufig mein, Gau Dsu.

WANG

Mein Finger.

Das ist nicht meine Arbeit. Solln sie sich
Selber das Loch verspunden.

125

TSCHU JÜN

> Ein Gelehrter
Mit einem Hammer. Halt ihn fest, Meister
Daß er dich nicht ins Brett schlägt.

WANG

> Große Stunde
Der Philosophie. Feldherrn, euer Diener
Weil ihr den Wahren Weg geht, gleich gesellt jetzt
Volk und Soldaten nach der Schrift der Weisen.

GAU DSU

Ein weiser Mensch, wie.

TSCHU JÜN

> Der gelehrte Wang.

GAU DSU

Warum ist er gelehrt. Weil er den Finger
Für den Nagel, den er hält, hält. Weil seine Kappe
Schwarz ist und er aus schwarz weiß macht.
Speit.

> Rotz
Auf deine Weisheit.

TSCHU JÜN

> Reiß einem kurzen Mann
Nicht den Kopf ab wegen einiger langer Gedanken
Die er sich um uns macht.

WANG

> Nicht u m euch, Herr:
schnell: f ü r euch, denn ich bin es, den ihr braucht, infolge die
wahre Lehre auf die Straße tritt und lebendig wird in der
Arbeit der Massen. Ich habe die Idee der Gleichheit verfaßt,
die zur Gewalt geworden ist in euerm Marschschritt und die
Aristokraten zerstampft im Mörser der Wissenschaft. Arbeit
allen, Gleichheit allgemein: die Theorie in Versen für den
gemeinen Verstand, ich habe ein Anrecht, daß mich der Staat
ernährt. Nämlich wie heißt es: die einen arbeiten mit ihrem
Geist, die andern mit den Händen, die mit dem Geist arbeiten
regieren, die mit den Händen arbeiten werden regiert, die

regiert werden erzeugen Hirse Kraut Speck, die aber regieren
erhalten Hirse Kraut Speck: daß dies richtig ist, ist allgemein
und überall unter dem Himmel bekannt, und jetzt wird es
wahr.

GAU DSU

Das hast du alles in der Kappe, wie.
Schreibst du das in die Bücher, bildend
Nichts als Sätze, ich versteh die Bohne
Warum, wers liest oder nicht liest bleibt dumm
Wenn ers nicht im Kopf hat was er denkt.

TSCHU JÜN

Tatsachen, Mensch, und nicht Scharteken, willst du
Die Zukunft auf Pappe oder auf den Leib.

GAU DSU *nimmt ihm die Kappe ab:*

Zeig deinen Deckel, wie er innen aussieht
Leer. Wie ein Scheißloch. Fülln wir ihm den Kopf.
Pißt in die Kappe. Wang lacht mit.
Scheißwissenschaft. Pisse mit Algebra.
Setzt ihm die Kappe auf.
Schon steht der Weise wie im Buche da.

TSCHU JÜN *scharf:*

Was bist du: ein Soldat, nein. Handwerk, nein.
Also das Volk, da brauchst du nur zwei Hände
Lang in die Trümmer. Mach der Not ein Ende.
Wang mit langem Gesicht ab. Bauern.

BAUERN

Der Krieg ist aus. Hoch der Große Frieden.

ERSTER BAUER

Indem die Stadt in Fetzen ist, der König
Sich verkrümelt hat in den gelben Sumpf
Und die Felder bedeckt sind vom Aas räudigen Adels
Sind wir des Sinns, heimzugehn
Und uns unser Teil aus dem Braten zu schneiden
Auf den wir scharf sind.

TSCHU JÜN

> Wollt ihr euch aus dem Staub

Machen, und Straße und Kanäle
Liegen wüst. Könnt ihr nicht warten bis
Kämmend die Ordnung mit euren Spießen
Aus Krieg Frieden wird.

ZWEITER BAUER

                      Das können wir nicht.
Indem das Land verteilt wird an solche wie uns
Die es sich selber nehmen
Und bestellt sein will.

DRITTER BAUER

                 Und unsre Weiber
Uns ihre Freude mitteilen möchten in den lange
Zu leeren Betten.

BÄUERIN

             Indem das so ist.

ERSTER BAUER

Uns seht ihr nicht mehr, Herr.
Werfen die Waffen ab.

GAU DSU *wirft fröhlich die Arme hoch:*
Dann geht nachhaus
Nehmt euch die Fische aus dem Topf heraus.

5

Ausrufung des Großen Friedens, 2000 Jahre vor unserer Zeit

Soldaten, auf einem langen Tisch, werfen Gau Dsu in die Höhe.
Tschu Jün. Jubel einer riesigen Menge.

TSCHU JÜN

Das war die Moral. Und jetzt kommt das Fressen.
Setzen sich an den Tisch. Koch.
Die Hirse, Koch.

KOCH

          Ich eile schon.

Bleibt mit dem Kessel stehn.
Ich eile und bleib stehn wie mein Verstand.
Der das verdauen muß bevor ers frißt.
Hör ich recht, dann hört sich alles auf
Alle sind gleich, einer wie der andre
Hackt seinen Acker sozusagen und
Spinnt seinen Faden, weil die Maus nichts abbeißt
Bis es in einen Topf kommt wo es kocht
Und was herauskommt ist der Große Frieden.
Zu Gau Dsu:
Das habt Ihr gut gesagt, Herr, fast begreif ichs.
Gleich wie die Mägen, Hunger hat ein jeder
Ob der Bauch dick oder dünn ist, jeder trägt
Sein Teil davon und trägt sein Teil daher
Gleich was er denkt, denn jeder denkt jetzt gleich
In der Frage, andre Fragen sind nicht.
Nämlich was frag ich noch, wie schmeckt es? Ich sitze mit zu
Tisch, wie mich meine Mutter gemacht hat. Kein Vermögen als
meine Nase, kein Name als Menschmachschon, jedes Herrn
Abtritt und Kübel, in den er seine Laune spie. In seinen
Därmen lag mein Glück: ein Glück noch wenn er drauf schiß.
Jeder Hund hatte es besser, ich mußte ihm dienen mit meinen
Knochen. Wenn ich je fröhlich war, wars ein äußerliches
Gewürz auf meiner Seele. Jetzt gelte ich gleich einem Präfekt
oder Korneinzieher, und mein Bauch gilt soviel wie meine
Nase, alles gilt gleich. Ich werde mir selber ähnlich wenn ich
mich anseh in der Suppe, die nach meinem Geschmack ist: so
daß es einst heißen wird, der Koch regiert.

TSCHU JÜN
Regier die Hirse her. Sonst ist sie kalt.

KOCH
Ich sagte, daß ich eile, Herr.

GAU DSU
                         Nicht Herr.
Dies Wort streich aus der Kehle.

       Ja, Herr. Und wie
Sag ich notfalls.

ERSTER SOLDAT *tritt ihn:*

      Notfalls halt das Maul
Bis es uns voll ist.

TSCHU JÜN *reißt den Soldaten am Bein:*

       Du hast ein gutes Bein.
Steh auf und hilf ihm laufen.

ERSTER SOLDAT

        Mit der Hirse.
Ich bin Soldat.

GAU DSU

     Und das hört auch auf, daß wir
Nichts sind als eins. Im Großen Frieden, Krieger
Bleib friedlich, bist du auch Koch.

ERSTER SOLDAT

        Sags dem Soldaten
Ich bin auch Feldherr und befehle mir
Nicht zu tun was du willst sondern was ich will
Denn wir sind gleich und wolln also das Gleiche
Und deshalb tu ichs.
Greift zu.

      Denk nicht ich tus ungern
Weils gegen meine Ehre ist, der Frieden
Auch hat seine Natur, unblutig zwar
Da heißts sich umstelln, aber weil er groß ist
Hört er nicht auf zwischen dem Volk, keiner
Macht dir den Feind mehr, auch der beste Freund nicht
Ein Friedensfreund zur Zeit, und die ist friedlich
Weil sie groß ist wie die Arbeit selber
Denn Knochenarbeit bleibts. Hierher die Speise.

GAU DSU

Der Weg ist kurz, Junge, aber krumm.
Das andre Volk zuerst. Und wir am Schluß.

KOCH

Das ist gegen den Ritus.

GAU DSU

Wirf ihn weg.

Ich kenn das Ding nicht.

KOCH

Wie Ihr meint.

Wirft sich hin.

Wenn ich
Trotz meiner andern Meinung Euerm gültigen
Wunsch nachkomm und Euch als Letzten abspeis
Mögt Ihr mir das, als unfreiwillig, nachsehn.

GAU DSU *brüllt:*

Liegst du im Dreck. Die Regeln alle kannst du
In deine Blutwurst kochen, sie sind blutig
Gib sie den Hunden. Chinesisch rückwärts wie
Die alten Texte, wie. Zeig deinen
Willen, Mensch.

KOCH *erhebt sich, überlegt:*

Was. Wem. Euch oder mir.
Die Frage lös ich nimmer oder hier.
Läßt den Kessel los, läuft weg.

TSCHU JÜN

Er hat einen Willen.
Lachanfall.

ERSTER SOLDAT

Und ich hab die Mühe.

Mit dem Kessel ab.

GAU DSU

Das Lachen erstickt dich, Freund.

TSCHU JÜN

Von deinem Witz.

GAU DSU

Ist dein Hals zu dünn für ein befreiendes
Lachen, Tschu Jün.

TSCH JÜN

                    Vielleicht das neue Leben
Greift dem alten zu heftig an die Gurgel, ah.

SOLDATEN

Schreit Ihr vom Hunger so. Wo bleibt der Fraß.

TSCHU JÜN

Da kommt ein Fresser mehr.
Soldaten mit dem Eunuchen in Stricken.

ZWEITER SOLDAT

                       Ein Eunuch.
Er hatte sich versteckt im Hirsespeicher.
Der war leer.

TSCHU JÜN

              War leer. Sein Pech.
Lachen.

                         Schuft
Willst du mit uns speisen, am Tisch
Deines gnädigen Volks.

EUNUCH

                    Ich seh die Tische leer.

ZWEITER SOLDAT

Da sieht er viel.

EUNUCH

                Ich hab nicht euern Blick
Der den blauen Dunst sieht. Ich für mein Teil
Möchte nicht teilen mit euch eure Wahrheit
Die schon die halbe ist.

TSCHU JÜN

                  Mit dir geteilt
Wäre sie Lüge.

EUNUCH

              Wenn alles unters Volk kommt
Bleibt dir kein Funken von eurer Wahrheit.
Du selber, der nicht dumm war, machst den Dummen
Verlaß dich drauf, Tschu Jün. Teile nur alles
Bis es dich selber teilt, Arm Kopf Maul

Sich zerreißen um nichts: das übrig bleibt.
Alles Wasser ist nichts auf alle Steine.
Und wenn ihr mich an diesen kahlen Baum hängt
Nackt wie der wird eure Lehre dastehn
Großzügig wie sie ist. Ich denk mein Teil.

GAU DSU

Behalts für dich, wenn du den Kopf dazu
Behalten willst.

EUNUCH

                    Auch ohne die Bedingung, Herr.
Soldaten schleppen ihn fort.

TSCHU JÜN

Wir hätten ihn hängen sollen. Damit der Baum
Blätter hat.

GAU DSU *verwundert:*

                    Warum ist er kahl.
Erster Soldat mit dem leeren Kessel.
Warum ist er leer.

ERSTER SOLDAT

                    Es kommt nichts mehr.

GAU DSU

Was, kommt. Dann geht. Reißt die Speicher auf.

DRITTER SOLDAT

Die leeren.

GAU DSU

                    Sagst du: sie sind leer.

ERSTER SOLDAT

                              Weißt dus nicht.
Das Land ist trocken. Die Kanäle Schlamm.

VIERTER SOLDAT

Seht doch die Bäume an. Sie schreien, Herr.
Schreit. Gau Dsu packt ihn an der Kehle.

GAU DSU

Hol den Verwalter aus der Küche.

VIERTER SOLDAT

                              Einen Dreck

Hol ich dem Bauern.

SOLDATEN *werfen den Tisch um:*

                Nämlich wir holen dich.
Deine Genossen sind davon in ihre
Gemüsebeete. Stich sie aus dem Acker
Mit dem Schwert, die Maden. Soll unsre Haut
Leerstehen voll Narben. Füll sie uns
Mit was uns fehlt, oder du fehlst dir selbst
Bauer, den Kessel füllend.
Stoßen Gau Dsu in den Kessel.

ERSTER SOLDAT
  Nimm das als Helm, Held. Daß dir nichts zustößt.

TSCHU JÜN *greift Gau Dsus Schwert, ersticht den Soldaten:*
Ist dir was zugestoßen, Knecht.
Setzt Gau Dsu das Schwert an den Hals:

                  Siehst du
Genosse, was wir ohne Regeln sind
Uns selbst fressende Schweine. Die Gewalt nur
Die graue Formel, alter Zeit Rechnung
Die ihnen aufgeht noch wie Licht des Himmels
Hebt ihre Zähne weg von deinem Hals
Und drückt sie auf dem Bauch in den Schlamm
Der das braucht, ihn auszuwringen
Auf den verteilten Boden.
Gibt ihm das Schwert.
Treib sie zu Paaren in ihr Eigentum
An solcher Arbeit. Mach deine Faust zur Sonne
Nach der ihr Speichel trieft. Ich mach den Mond
Den Schatten dir, daß nicht dein Ruhm erblasse.
Sei du die Sonne, weil ich Speichel hasse.

6

**Zwei Jahre nach dem Sieg ist die Hauptstadt noch ein Heerlager.
Fortsetzung des Kampfs zwischen Gau Dsu und Tschu Jün**

*Umgestürzter Thron. Soldaten am Boden, trinken. Fan Feh
zwischen ihnen, lacht. Gau Dsu, im dreckigen Bauernhemd. Ein
Truppführer.*

GAU DSU

Da ist sie, Kamerad. Auf allen Vieren
Zwischen dem Abraum aus dem Stab.

TRUPPFÜHRER

                    Ein Fressen

Für die Reptilien, lieber Herr.
Sie greifen gern in weißes Fleisch.

GAU DSU

                  Mein Fleisch.

Ich hab die Nägel im Blut. Soll ich sie
In Stricke binden.

TRUPPFÜHRER

             Vielleicht liebt sie das.

GAU DSU

Sie ziehn sie mit den Blicken aus.

TRUPPFÜHRER

               Obwohl

S ist nicht viel Arbeit, Chef.

GAU DSU

              Machst du dich lustig

Über deinen Feldherrn.

TRUPPFÜHRER

           Nicht ich. Die Katze

Die dich zum Schloßhund macht.
Heult. Laut:

              Sie kann die Schule

Nicht verleugnen, wo sie rechnen lernte

Mit gespreizten Knien.

GAU DSU *schreit:*

Bindet den Mann.

Fan Feh steht auf. Tschu Jün, Soldat Hsien.

SOLDATEN

Er sagt uns was. Wen. Den dicken Fu.

Worum gehts denn, Herr. Erklär dich näher.

Lachen. Tschu Jün tritt den Thron weg.

TSCHU JÜN

Wo sind wir, Freund. Ist das eine Stadt

Unter meinen spitzen Zehn. Leckte je Kultur

Dies Volk an. Schlamperei des Blutfelds

Die Leichen wälzen sich im Scheintod

Aus der Flasche. Aas wärmt sein letztes Leben

Auf dem Eisen unsrer Armee. Meine Herrn

Wollen Sie das Schwert essen.

Truppführer und Soldaten davon.

Fan Feh die Schöne.

Sie feiert ihre Freiheit auf den Knien.

Sie teilt ihre Freude, daß sie jetzt

Sich gehört, mit allen.

*Fan Feh läßt keinen Blick von Hsien. Tschu Jün auf Gau Dsu
zu:*

Gut siehst du aus

Revolutionär, ein Dreck dein Hemd

Und Erde in den Taschen. Das Chaos

Sieht dir aus den Löchern, das du züchtest

Aus deiner unbeschäftigten Armee.

GAU DSU

Wen soll sie schlachten noch. Die Aristokraten

Hängen ohne Land in den Baumwipfeln.

TSCHU JÜN

Viel schöner Schatten in Tschin also, wär die Sonne

Aufgestiegen. Siehst du sie. Ich seh einen

Bauern im Kot. Du kannst im Sattel siegen

Aber nicht herrschen, Soldat.

GAU DSU

Was machen.

TSCHU JÜN

Fick die Truppen. Stoß sie in den Vorteil
Der ihnen nicht im Feld blüht. Bieg ihnen
Das aufsässige Kreuz mit Posten. Die Kameraden
Aus den blutigen Wiesen am Han-Fluß
Wollen befriedigt sein.

GAU DSU

Meinst du Posten.

TSCHU JÜN

War dir so. In deinen Ohren also
Ist kein Dreck.

GAU DSU

Was sagt man dazu, Fan Feh.

FAN FEH *den Blick auf Hsien:*
Ich hör euch zu. Das ist schön, Gau Dsu.

GAU DSU

Sie ist ein Tier.
Scharf:

Und Ämter, wie. Und Länder.

Und die Hengste von der Truppe setzen sich ab in die Güter,
mit einem Grinsen, dem Adel aus dem Gesicht geschnitten.
Rekeln sich auf den Schaukelstühlen der Provinzen, die Hände
in den Taschen der Bauern. Aus dem Kämpfer fürs Brot der
Beamte bis zum Tod. Ist das die Zukunft, die aus dem Blut
dampft. Hieß es das: alles auszureißen was die Macht verhaßt
macht. Wofür haben wir gekämpft, Tschu Jün.

TSCHU JÜN Um die Macht.

GAU DSU Ja. Und um nichts sonst, wie.

TSCHU JÜN

Um nichts vor dem ersten Schritt unter
Der Angst vor, die dich knien macht. Dich
So gut wie sie, die deine Frau ist und
Deine Frau nicht aus selber Angst
Daß ihr ein Nichts seid und nichts könnt

Wenn ihr euch nicht gemein macht mit der Masse.
Die Angst, selber zu leben, unser Tod ists.
Häng dich, damit du aufrecht bist, Genosse
Wenn kein Wind geht.

GAU DSU Begreif ich was du sagst. Red weiter. Aufrecht. Wo.
Unter den Trümmern, die Toten auf dem Rücken, die nach
Glück schrein. Macht. *Speit.*

TSCHU JÜN

Aus den Trümmern des Palastes, wo du
Flüchtig rastest, flattern die alten Geier.
Gierig auf, was sie wieder sehen, Land.
Solang die Stühle leerstehn, will sich wer
Setzen, Junge. Lieber der eiserne Hintern
Von Figuren die an Drähten gehn
Ins neue Leben, als der alte blutige
Dreck aus fürstlichen Hirnen.

GAU DSU

                              Du bist kein Bauer.
Du sagst das Wort Macht ohne zu spein.
Du kannst atmen mit dem Wort Macht
In den Zähnen.

TSCHU JÜN

                    Sagst du Bauern.
Die Masse die im Feld liegt, Krieg oder Frieden, zuunterst
immer.
Aber im Frieden kommt er einzeln vor
Getrennt durch seine Arbeit, die ihn krummschließt
Hinter sein Holz, das er ins Erdreich drückt.
Ein kleines Reich, was. Von Morgen bis Morgen
Und weiter kennt er keinen. Dieser Saurier
Hebt seine Stirn nicht aus der Furche. Wo
Hat er sein Büro.
Der Bauer kann sich nicht selbst vertreten.

GAU DSU Also braucht er, daß man ihn vertritt. *Lacht.* Wir sein
Kopf, mit dem er herrscht.

TSCHU JÜN Weißt dus nicht, Bauer.

GAU DSU Nein. Ich kann nicht denken.

TSCHU JÜN

Ja, dazu braucht es Köpfe, Herr. Beamte
Ich laß sie einsammeln in der Taiga.
Clevere Leute mit dem Blick aufs Ganze
Leben und Tod der Sache.

GAU DSU *läuft nach hinten, brüllt:*
                                        Bauern.
Ruft die Bauern. Laßt die Bauern kommen!
Lange Stille. Gau Dsu weint.

TSCHU JÜN Hsien, sag meinem Freund, was ihr getrieben habt
diesen Sommer am Han-Fluß.

HSIEN *immer den Blick auf Fan Feh:* Wir haben Leute gesucht für
ein Amt im Staat, Herr.

TSCHU JÜN Erzähl meinem Freund, wer uns grüßen läßt.

HSIEN Euer Onkel, Herr.

TSCHU JÜN Der alte Magier Tschu To, geflohen auf sein Landgut.
Seine letzten Worte, was.

HSIEN Um ein Haar, Herr.

TSCHU JÜN Überschlag dich nicht.

HSIEN Wir drangen in den Landsitz, er war nicht enteignet –

TSCHU JÜN Aus Angst vor den Geistern, mit denen der Alte
umging beruflich, der Privatbeamte im halbgöttlichen Haushalt des Königs, unentwegt die Vorzeichen des Unglücks
beobachtend aus dem Orakel mit Schafgarbenstengeln. Sie
fanden ein Archiv von Heu, mit dem ganzen Zweck, das
göttliche Mandat des Herrschers zu beweisen.

HSIEN Er saß, als wir hineinrannten, auf seinem Stuhl in der Halle
und rührte kein Glied –

TSCHU JÜN Weil er beschlossen hatte, durch absolutes Nichtstun
zu überdauern, so wie der Weise sagt: das Herz leeren und den
Bauch füllen, denn wo man nicht handelt bleibt nichts
ungeordnet. Er glaubte wahrhaftig, er sei unverletzlich geworden, indem er sein Ich an den Nagel hing.

HSIEN Und als ihm die Lanze durch das Fleisch fuhr, sah er mit
verwunderten Augen zu.

TSCHU JÜN Er ist genesen. Er beschränkte sich darauf, die Luft in bestimmter Weise durch den Körper zu ziehn, so daß ihm der Schmerz gleichgültig wurde, ein vollkommener Landbewohner von Tschin. Er ist bereit zu beweisen, daß das Mandat einem Unwürdigen entzogen wurde, um die kosmische Harmonie zu retten: eine Argumentation, die die Wissenschaft hinter uns bringt wie einen Mann. Wir werden Beamte haben aus bestem Mehl, Herr.

GAU DSU Ersticke an dem Mehl.

TSCHU JÜN

Bruder, für die Sache
Nähre ich mich von minder feinem Stoff.
Willst du von der Luft leben.

GAU DSU Soll ich sie dir nehmen. *Packt ihn.*

FAN FEH *zu Hsien:*

Ich liebe dich, Soldat.

HSIEN *beiseite:*

Sagt das nicht, Frau.

FAN FEH

Ich bin wild auf deine Zähne, deine Hand
In meinem Schoß.

HSIEN

Sprich nicht weiter, Frau.

FAN FEH

Liebe mich, Hsien.

GAU DSU *läßt Tschu Jün los:*

Was tut ihr da, Fan Feh.

HSIEN

Nichts, Herr.

GAU DSU

Bin ich blind. Sie verführen
Mit dreckigen Sätzen, wie.
Hsien schweigt. Zu Fan Feh:

Und du ziehst sie
Wie Sahne ein.

FAN FEH

      Mir ist übel, Gau Dsu
Von seinem Atem der mich anspringt mit
Gemeinem Antrag.

GAU DSU

          Ist das so, Hsien.

HSIEN *bleich:*

Es ist wohl so, Herr.

GAU DSU *kopflos:*

            Schleppt ihn in das Loch.
Zieht ihm die Haut ab, daß er nackt dasteht
Wie sie ihn sehn will, und die Lüge ihr
Blaß wird auf den Lippen, die sie lügt.
Soldaten, schleppen Hsien und Fan Feh weg.

TSCHU JÜN

Ein König hätte ihr verziehn, Gau Dsu.
Du bist von unten, wie. Hört dein Traum auf
Von Gleichheit vor dem Bett, wo dir der Kamm schwillt.
Wie soll sie sich befreien von dem Strick
Den ihr die Furcht dreht, unter deiner Furcht.
Hast du Ansprüche an die Frau, ihr Stöhnen
Dein Eigentum Nacht für Nacht, wann
Erwachst du, Bettler.
Selber auf die Knie ziehst du sie
Wie du ein Tier, ich sagt es, siehe oben.
Gau Dsu würgt ihn. Tschu Jün wirft ihn zuboden.
Aus solchem Dreck muß ich nen König baun.

7

Beamtenprüfung in Hsien-Yang

Tschu To und zwei andere Prüfer. Zwei Kandidaten.

ERSTER PRÜFER Die Kandidaten, Herr Tschu To.

TSCHU TO Wohlan denn, wie es im Buche steht. Laßt sie uns zeigen, ob sie würdig sind, dem Volk zu dienen als seine Führer. Nicht mehr die hohe Geburt, die hohe Einsicht in die Große Lehre ist der Ausweis für ein Amt. Das Volk hat dem erblichen Adel den Laufpaß gegeben, der Adel der Vernunft nimmt Platz auf den Stühlen des Staats. Nur wem wohl? den Besten gibt das Volk seine Stimme, sie ihm zu leihn in seiner Sache, dem Großen Frieden, wie er im Buche steht. Sprecht zu der Sache.

ERSTER PRÜFER Der freie Vortrag, Freund.

ERSTER KANDIDAT Der Große Frieden, Hoffnung des Volkes. Der Große Frieden, Brüder –

Tschu To räuspert sich.

ZWEITER PRÜFER Nicht dieser kumpelhafte Ton.

ERSTER KANDIDAT Der Große Frieden ... ist das Wetter der Gleichheit, dessen anhaltendes Licht die Ungerechtigkeit ausbrennt wie Moder. Denn was wäre die Helle des Friedens ohne die Wärme der Gleichheit? Nur ein Betrug unter Brüdern, ein Hindämmern in der Einbildung, Sinken in den Schlamm der alten Strukturen der Unterdrückung. Der Frieden, wenn sein Sinn erblühn soll, ist der Kampf wider alle Ungleichheit der Erde.

ERSTER PRÜFER Wetter der Gleichheit. Nun, es stimmt.

TSCHU TO Etwas originell gesagt. Erfundene Formulierungen.

ERSTER KANDIDAT Ich sagte Wetter der Gleichheit, weil –

TSCHU TO Schlauer als Gau Dsu selber, wie. Das wolln wir doch nicht sein. Sprich klar und wortgetreu.

ERSTER KANDIDAT *gepreßt:* Diesem Zweck der Gleichheit dienen die gleichmachenden Regeln des –

TSCHU TO Vielleicht sollten wir überhaupt mehr den Aspekt des Friedens betonen, zu dem ja die Gleichheit führt. Denn was hat das Primat.

ERSTER KANDIDAT Ja, der Frieden ist die . . . Wetterwende –
Zweiter Prüfer lacht.
deren Licht die Gleichheit –

ERSTER PRÜFER Nun?

ERSTER KANDIDAT Zeigt. Denn was wäre die Gleichheit ohne den Frieden? Ein Betrug. Der Frieden, kann man sagen, i s t die Gleichheit. Die Gleichheit ist der Kampf um den Frieden, wenn sie einen Sinn haben soll.

ERSTER PRÜFER So ist die Ausdrucksweise viel besser.

ZWEITER PRÜFER Zwischenfrage: inwiefern sind die Menschen gleich, wenn sie gleich sind? Ja, da steckts.

ERSTER KANDIDAT Ja, der tieferen Einsicht nach sind sie noch nicht gleich.

ZWEITER PRÜFER Müssen sies denn sein?
Kandidat schweigt.
Es geht nicht um die tiefere Einsicht sondern um die höhere, ha.
Prüfer lachen.

TSCHU TO Hat er schon gesagt, daß der Frieden zum Gesetz wird?

ERSTER PRÜFER Nein, das fehlt.

TSCHU TO Aber das ist das Wesen der Sache.

ERSTER KANDIDAT *mit geschlossenem Mund:* Er wird nicht, er i s t, es ist das Wesen des Friedens, zu s e i n als reales Gesetz. In diesem Licht –
Zweiter Prüfer lacht.
muß man die Gleichheit sehn. Sie sind nur gleich, insofern sie nicht gleich sind. Das ist genau das, was ich meine.
Man sieht sich an.

TSCHU TO Etwas leise, was.

ERSTER PRÜFER Aber sonst –

TSCHU TO Mit dem Gesetz, da sind noch Schwächen, weiß er das.

Kandidat nickt.

Nunja, als Landmann.

Reicht ihm den Gürtel. Zweiter Prüfer drückt dem Kandidaten den Kopf herab, er verbeugt sich.

Der andre denn.

Zweiter Kandidat springt nach vorn, verharrt auf einem Bein. Erster Prüfer bedeutet ihm zu beginnen.

ZWEITER KANDIDAT *singt:* Die Bedingung des Friedens ist der Frieden. Denn der Frieden ist das Höchste Gut, das nur unter der Bedingung des Friedens gesichert wird, weshalb der Frieden geradezu die Voraussetzung ist, daß Frieden eintritt, denn was wäre ohne ihn? Krieg, also genau das Gegenteil dessen, was Frieden bedeutet, während das Gegenteil des Kriegs und zugleich seine Überwindung der Frieden ist als Garant seiner selbst.

TSCHU TO Als Garant wessen?

ZWEITER KANDIDAT Des Friedens.

TSCHU TO Ah, gut. Richtig, genau.

ERSTER PRÜFER Und sehr schön gesagt.

ZWEITER PRÜFER Einwandfrei.

TSCHU TO Da sehen wir keine Probleme. Aus der Praxis, wie?

ZWEITER KANDIDAT Verwalter der staatlichen Obstgärten, Freunde.

ERSTER PRÜFER Nun drum.

Tschu To reicht ihm den Gürtel, Kandidat verbeugt sich. Kandidaten ab.

ZWEITER PRÜFER *resigniert:* Schlechte Leute. Das ist das Resultat. Die Elite.

TSCHU TO *wütend:*

Was soll ich machen. Der Staat, den Gurt
Weigert nicht, wenn einer spurt.

Hebt die Hände: Armes Tschin.

Hsi Kang.

Wer ist da noch.

ERSTER PRÜFER Das ist der Mann, den Ihr holen ließet.

TSCHU TO Ah, Hsi Kang. Der Enzyklopädist. Der berühmte

Lehrer.

HSI KANG *verängstigt:*

Ich komme nicht freiwillig, und ich komme
Um wieder zu gehn.
Will ab.

TSCHU TO

Setzt Euch da, Hsi Kang.

HSI KANG

Nicht neben Euch. Ich bins nicht wert, mein Hintern
Neben den Euren, Herr, in den man kriecht.
Seht Ihr: ich bin nicht, wofür man mich hält
Daß er sich einschraubt in den Apparat.
Mir fehln die Windungen in der Natur
Worin Ihr so gewandt seid, Herr. Man sagt
Wer seine Zeit durchschaut kann sie ertragen
Und in der Maske des Gemeinen gehn
Mit dem Strom, das Kreuze innen aber
Intakt. Dazu bin ich zu schwächlich
Mein Gewebe wie Zunder, das brennt
Bei jeder Erregung. Ich sags wies ist
Der Staat hat Sitten und Gebräuche, ich aber
Ein mieser Mensch, hab keine. Schon morgens:
Ich lieb zu schlafen. Mit dem Amt am Hals
Und der Wächter rasselt mich aus dem Traum, undenkbar.
Schweigt.
Entschuldigt, es kostet Überwindung, ich bin
Zu faul schon zum Reden.
Schweigt.

Oft wasch ich mir
Ein Jahr lang nicht das Haar. Erst wenn das Jucken
Unerträglich wird, nehm ich ein Bad
Widerwillig.
Kratzt sich fortwährend.

Wie soll ich mich verbeugen
Beim Zeremoniell, wenn es mich hier und da
Striezt wie Krätze. Wenn ich pissen muß

Halt ichs solang zurück, bis sich die Blase
Schmerzhaft spannt, und grad bevor sie platzt
Erledige ichs. Genauso mit den Akten
Wärs, das häuft sich auf dem Tisch, Eingaben
Schaum aus den Registraturen etc.:
Ich fasse das erst gar nicht an, und bums!
Heiß ich respektlos. Oder Beileidsreden.
Kann ich nicht. Das ergrimmt die Leute aufs Blut
Man hat mir schon ein Messer in die Wade
Gestoßen dieserhalb –
zeigt seinen Hintern.

                Auch ekelts mich
Körperlich vor vulgären Menschen
Und als Beamter müßte ich mit ihnen
Kollegial verkehren.
Schüttelt sich fortwährend.
                Und ich lieb zu schweifen
Freien Fußes in der Landschaft, dichtend
Meinen eignen Vers. Keinen Schritt mehr, Mann
Könnte ich tun, ohne daß Bullen hinter mir
Trampeln. Herr, es fehlt mir an Geduld.
Ich bin ein engherziger Mensch, ich nehme
Nicht alles hin. Ich hasse alles Böse
Starrköpfig. Verrückt, wie.
Verwandelt sich in einen räudigen, sich kratzenden, unflätigen,
irr lachenden, furzenden Tölpel. Tschu To steht entsetzt auf.
                Herr, das Studium
Der Klassiker hat mich dahin gebracht
Allem Zwang zu spotten. Ich kann meine Zunge
Nicht mehr festnageln, jedes Unrecht läßt sie
Flattern vor Empörung. Ich bin verlottert
Wie ein Materialist. Ich habe Flöhe, Herr
Angina, Durchfall. Ich bin ein Sektierer
Und Fäkalist. Ich habe nicht die Gaben
Ehrenwerter Männer zum Regieren
Was andern höchstes Glück ist: aufzusteigen

Zu Würden, läßt mich kalt. So krank bin ich.
Seht her, bin ich zu retten für dies Leben.
Selbst wenn mir gar nichts zustößt auf dem Posten
Ausschluß Verbannung Tod oder Totschweigen
In meine Brust der Zwang stößt wie ein Geier
Daß meine Eingeweide sich auflösen.
Mein eignes Elend brächt mich um sowie
Um den Verstand. Wenn Ihr mich derart haßt
tobt
So müßt Ihr mich befördern. Ah. Uh. Schwein.
Ich bin soweit. Zu Euern Diensten, Herr.

TSCHU TO Entfernt den Menschen.
Prüfer drängen Hsi Kang hinaus.
Haltet den Mann im Auge. Folgt mir zu meinem Neffen Tschu
Jün. Er studiert das Ritual ein für die Krönung des Kaisers.

8

Aufschwung der Landwirtschaft. Die Stufen von Tschin

*Terrassenfeld. Wang und eine Bäuerin treten ein Wasserschöpf-
rad. Über ihnen ein Aufseher: der Truppführer aus 6. Auf den
Stufen krumme Rücken sichtbar.*

BÄUERIN
Ein Wunder. Das Wasser läuft bergauf. Es schwillt.

WANG
Wie meine Beine. Das linke und das rechte.
Sie fallen mir vom Leib ab. Kein Wunder.

BÄUERIN
Ein Sieg der Technik. Und das Land steht naß
Bis an den Halm.

WANG
                    Ich bin naß bis aufs Hemd.
Halt an.

BÄUERIN

      Tritt zu, Mensch. Der Kanal muß voll sein.

WANG

Ich hab den Kanal voll.
Fällt vom Rad.

           Meine Eingeweide
Sind zerrissen.

BÄUERIN

     Laß es dir nicht merken.
Sonst darst du nicht mehr mittun bei der Großen
Arbeit, Freund.
Tritt mühsam allein.

WANG

      Da wär ich aber traurig.

BÄUERIN

Was sagst du.

WANG

      Ich wäre traurig, sag ich.

BÄUERIN

           Eben.

WANG *setzt sich:* Tritt zu, wenn du schon redest, ich setze mich,
um dir mit einem Satz zu antworten, wie sichs gehört. Da
denke ich und denke ich, um davon zu leben, und denk mir
nichts dabei! O Irrtum, ausgedachter Irrtum. Die einen mit
dem Geist, die anderen mit den Händen – *stöhnt* den Füßen,
den Füßen, und wenn sie schmerzen? Dann denk ich gleich
anders. Tritt zu, der Aufpasser sieht auf uns herab als auf einen
faulen Apfel, es paßt ihm nicht, wenn du nichts tust, warum,
sonst hat keinen Sinn, daß er nichts tut. Wie kommt der
Mensch dazu? Über uns zu stehn mit dem starren Aug eines
Ausbeuters, und wo nicht mehr auf den Rücken, auf das
Bewußtsein zu schlagen mit ledernen Sätzen. Der Boden ist
verteilt, und das Wasser wird verteilt, und das ist die neue Zeit,
die angebrochen ist über Tschin, und keine Haare mehr an den
Waden und keinen Flaum auf den Schenkeln.
Aufseher schnalzt.

Ich hab den Satz gleich. Tritt zu, tritt zu, er lächelt schon, ein aufmöbelndes Zitat auf der Lippe. Welch edle Fähigkeit hat er: zu herrschen, als unsere: zu dienen? Es heißt, der Himmel hat das Volk gefügt aus Oben und Unten. Soll das heißen, der blaue Azur hat große Reden geschwungen und solcher Absicht Ausdruck verliehen? Ich sag dir, es gab eine Zeit, da hing der Himmel unten und die Erde oben, und es ging. Die Berge waren Löcher und die Flüsse ragten auf: wie wir es jetzt versuchen. Die Erde drehte sich, und die sechs Himmelsrichtungen wechselten, ein Palast ein Stall, ein Dreck morgen. Die Zeit reißt dir das Land unter den Knien weg, in deiner Haut haben Millionen gesteckt und du wirst sie nicht behalten, du ziehst sie aus im Grab, aber besser gleich.

Bäuerin kommt aus dem Tritt.

Tritt zu, mein Satz ist schon zuende, wir haben den Boden verteilt und müßten die Arbeit verteilen, daß sie Hand und Fuß hat zugleich, wie der Mensch. So wird ein Schuh daraus, für meine wunden Füße, und dir wachsen Muskeln im Kopf, daß dir die Zunge fliegt.

BÄUERIN *steigt vom Rad:* Ich bin entrüstet. Ich weigere mich zu arbeiten mit einem Bauern, der so denkt über die neue Zeit, die mir Erde gibt und Wasser. *Ruft:* Aufseher.

Wang federt hoch. Die Rücken richten sich auf.

AUFSEHER Er hat keine Lust, wie.

BÄUERIN Schlimmer. Er macht sich lustig.

AUFSEHER Dann wird es ernst. *Nimmt eine Tontafel.* Ich muß dir wohl etwas vorlesen, Freund.

Die Rücken wieder krumm. Zieht Wang das Tuch vom Kopf.

Mach deinen Schädel frei, damit es reingeht.

WANG Ich kenn die Texte. Ich hab sie mit verfaßt.

AUFSEHER Du, das. *Lacht laut.* Du gehörst zum Volk.

WANG So eingestuft, ja. Auch ein Irrtum. Wieviele Irrtümer braucht ein System, bis es steht.

BÄUERIN Seht Ihr, er hat keinen Schimmer von der Größe des historischen Siegs und der Hirse, die er abwirft, Herr.

Die Rücken richten sich auf. Wang klimmt die Stufe zum Aufseher hinauf, stellt sich hinter ihn. Der läßt es verblüfft zu.

WANG Beugt euch.

Die Rücken wieder krumm.

Schaut auf.

Richten sich wieder auf.

Seht ihr die Stufen hier. Das ist das Übel.

AUFSEHER

Wieso sind sie ein Übel, wenn der Acker
So m e h r trägt. Durch die Abstufung.

BÄUERIN

                          Und wie
Der Acker braucht sie Mensch und Vieh.

WANG

Die Menschheit ist kein Acker, denn wer pflügt sie
Sie selber sich; kann das ein Acker, nein.

BÄUERIN

Der Acker aber, Mensch, die Stufen braucht er.
Die Stufen Wasser, und das Wasser Füße
Die es treten, s ist ein Zwang, und Zwang
Braucht Leitung. Da kannst du gleich die Welt umräumen.

WANG Ja.

Aufseher lacht.

Ich sehe alles ein. Ich lebe gern.
Arbeite esse rede. Aber was
Ist das woran mein Kopf stößt und ich steh
Betäubt. Und mir den Atem wegnimmt wenn ich
Bloß gehe. Schritt vor Schritt
Um nicht zu stolpern falln den Hals zu brechen
Hinab oder hinauf, die Knochen schneller
Als der Verstand, oder viel verstehend
Hocke ich da, lachend über die Gangart
Der Mitbürger auf dem selben Terrain
Das sie trickreich bewohnen. Was zum Teufel
Kratzt mich unter den Sohlen auf dem Marsch

Ins Morgen. Gestern wußt ichs aber heute
Muß ichs lernen. Stufen. Der Abgrund
Ist zugeworfen mit dem Dreck der Kriege
Der Himmel eingerollt, die falsche Fahne.
Aber der Boden, eigen schon und fremd noch
Ist abgestuft wie eine Himmelsleiter
Oder Kellertreppe, Mensch und Mensch
Einen Kopf kürzer oder länger, wie sein Amt ihn
Hebt oder staucht. Sein Amt ist seine Arbeit
Die eine reißt den Plan auf das Papier
Die andre frißts und macht sich keinen Kopf drum:
Die eine hat ihn. Kopf Hand Schwanz
Hängend wie fremdes Fleisch, Gliederpuppen
Zerrissen von dem Zwang, nur eins zu tun
Zu sagen oder machen, Chef und Kuli
Zählebend. Ich sag nichts gegen Buckel
Schiefohren oder Zungen, die wachsen
Auf dem gestuften Mist. Mich läßt das Grinsen
Der Unterdrückung kalt: das seh ich ein
Wie gesagt, ich lebe gern.
Rede esse arbeite diese Arbeit
Die sich zerreißt bis wir sie ausreißen
Ein Jahrtausend für den Job, die Grenzen
Die sich nachziehn seit Olims Zeiten
In den Staat, gekränkt der ganz von Stufung
Die Seuche, an der unsre Macht krankt und
Sie zum Gespenst macht das auf Mauern geht.
Das ist viel, doch alles.

AUFSEHER

                    Habt ihr es begriffen.
Es ist doch logisch. Er ist arbeitsscheu.
Bauern lachen.

WANG Das ist gar nicht die Frage.

AUFSEHER

Die Frage ist: willst du oder nicht.

WANG

Ich will, daß ihr es wißt.

AUFSEHER

Also nicht.

Pfeift. Zweiter Aufseher. Einige Rücken krümmen sich.

Er ist eingestuft als Volk und will nicht auf die Tretmühle.

ZWEITER AUFSEHER Nunu.

ERSTER AUFSEHER Aber wer sich zu einer andern Berufsgruppe schleicht, um so der Arbeitspflicht der eignen zu entgehn, dem folgt das Gesetz auf dem Fuß.

ZWEITER AUFSEHER Uh.

WANG Das ist nicht das Problem.

ZWEITER AUFSEHER Nunu.

ERSTER AUFSEHER Es fehlt ihm an Bewußtsein.

ZWEITER AUFSEHER Uh.

Schleppt Wang rasant weg. Alle Rücken krümmen sich. Bäuerin aufs Rad, Erster Aufseher steigt mit auf.

ERSTER AUFSEHER Na, heidi. Mal die Füße vertreten.

9

Die Geschichte von Hsien und Fan Feh. Die Geschichte vom König Hu Hai

9.1
Bewaffnete Bauern, Hsien, marschieren.

HSIEN

Liegt da die Stadt.

ERSTER BAUER

Die Stadt.

HSIEN

So gehn wir da.

Biegt ab. Bauern folgen.

ZWEITER BAUER

Kein Hauen, Soldat.

*Hsien wirft sich auf den Boden. Bauern tuns nach. Hsien steht
auf.*

HSIEN

Kein Hauen.

DRITTER BAUER

Wie lang das
Marschieren.

HSIEN

Ein Jahrhundert, zwei.

BAUERN *lachen:*

Zwei.

VIERTER BAUER

Willst du uns foppen, Hsien.

Packt ihn, läßt ihn los. Marschieren.

FÜNFTER BAUER

Der Tag wie Blut.

ZWEITER BAUER

Gut Wetter für den Aufstand.

*Hsien stürzt sich in ein Lehmloch, kommt besudelt heraus.
Bauern tuns nach. Hsien lacht laut.*

HSIEN

Wollt ihr siegen
Und nichts selber wissen. Lauft ihr wie Teufel
Auf den Bratrost. Nur nicht denken, wie.
Was für ein Sieg mit euch Strohköpfen, hä.
Lauft auf das Feld und laßt euch weiter schinden
Ein Jahrtausend.

BAUERN *zerknirscht:*

Zwei.

Marschieren. Fan Feh, auf Knien.

ERSTER BAUER

Die Frau wieder.

HSIEN

Jagt sie weg.

BAUERN

Wie. Sie krallt sich in den Lehm.
Drei Nächte.

HSIEN

Schlagt sie tot.
Bauern rühren sich nicht. Hsien peitscht Fan Feh.

FAN FEH

Ja.

BAUERN

Sie sagt was.
Sie bleibt liegen.
Marschieren. Stoßen wieder auf Fan Feh.
Die Frau, Soldat.

HSIEN

Marschiert.
Bauern ab. Fan Feh umklammert seine Füße.
Bin ich nicht tot. Liebst du Gespenster, Frau.
Hab ich noch Haut. Willst du mein Blut lecken.
Peitscht besinnungslos. Hält inne.
Läufst du nicht. Liebst du nicht deine Haut
Zu retten, wie.
Peitscht sie.

FAN FEH

Schlag, Hsien, dann gehst du nicht.

HSIEN

Bin ich entkommen, um dir zu verfalln
Der dich haßt.

FAN FEH

Ja. Schlag den Haß
In meine Haut. Spei ihn in mein Gesicht.
Lächelt.
Sieh, wie er sich verwandelt.

HSIEN

Ein Tiergesicht.
Fresse einer Hündin. Fraß für Hunde.
Verrecke mit den Hunden.

Ja. Red weiter.

Dann bist du da.

Hsien hebt sie verwirrt auf. Herausfordernd:

Was machst du, Hsien, bin ich

Ein Mensch.

Will sich ducken. Er hält sie.

HSIEN

Frau.

FAN FEH

Von diesem Augenblick an.

Hält Hsien im Blick. Er starrt sie an.

HSIEN

Bist du toll.

FAN FEH

Ich glaub es. Weil ich zu mir

Komme.

HSIEN

Wie.

FAN FEH

Siehst du es.

Hsien lächelt überwältigt. Fan Feh schluchzt erschöpft.

HSIEN

Weine nicht

In dein neues Gesicht. Mit deinen Händen
Wirst dus nicht sehen, aber mit meinen.

Hält ihr Gesicht.

Kannst du das aufbehalten, lachend, so.

FAN FEH

Ich versuch es, Hsien.

HSIEN *hingerissen:*

Das ist zu wenig.

Du mußt es weil ichs weiß, ich weiß was du mußt
Weil alles anfangen kann und nichts bleibt
Was uns das Blut ins Fleisch treibt oder aus ihm:
Ich hab es überlebt. Zieh dich aus!

Den Gehorsam, der das Glück war, ein-
Gebläut dem Kind und angewöhnt den Massen.
Wie groß muß die Gewalt sein, bis wir sie sprengen ein Jahr
oder zehn, um sie zu vergessen und sie wieder zu lernen aus den
Fehlern, die wir machen bei ihrer Abschaffung. Die Unter-
drückung hat mehr Leben als die Katze, ein Schlag genügt
nicht und der nächste nicht, du mußt ihr die Erde an den Hals
binden und sie ersaufen machen in dem Meer aus Haß.
Warum stöhnen wir, wenn der Druck nachläßt
Den wir litten. Bist du blaß und ich
Wenn uns das Unglück umschlägt in ein Glück.
Schmerzt es, die Glieder zu strecken, mehr
Als sie zu ducken. Dieser Zeit Stoff
Liegt roh auf dem Boden. Schreiend
Nach dem Werkzeug, das ihn schlägt ätzt formt
Nach unserm Maß, das wir nicht kennen.
Eine Arbeit, die uns verbraucht alle
Blutig oder nicht. Weißt du den Weg
Den ich wähle.
Beide den Bauern nach.

9.2
Hu Hai, sehr dünn, frißt Gras. Königin, mit dickem Bauch.

KÖNIGIN Ist das der König? Ja. Natürlich. Hier.

HU HAI Wo kommst du her.

KÖNIGIN Das seht Ihr doch.

HU HAI Ein Soldat, wie.

KÖNIGIN *lacht nervös:* Ein Soldat. Es wimmelt davon.

HU HAI Das ist allerhand.

KÖNIGIN Das kann man sagen. Wie seht Ihr aus, Hu Hai.

HU HAI Gras macht nicht fett, wenn du das meinst. Ich hab mirs
auch schöner vorgestellt in der Natur.

KÖNIGIN Schlamm und Wolken. *Lacht nervös, schließt die Augen.*
Man muß sich umstelln.

HU HAI *gereizt:* Umlegen. Wind und Kies. Ich bin auf dem Wahren Weg vermutlich. Meine Knie schimmeln.

KÖNIGIN *wirft sich über ihn:* König, tragt bei zu meinem Kind.

HU HAI Fort, fort, hemme mich nicht bei der Auflösung.

KÖNIGIN Werdet Ihr unsterblich, Herr.

HU HAI Das entscheidet sich dieser Tage. Mein Kopf ist schon ausgeblasen wie ein Ei.

KÖNIGIN *lacht nervös:* Soldaten.

Soldaten, der Eunuch. Königin lehnt sich zurück.

HU HAI Ich bin nicht fertig mit mir. Bin ich eine Ratte. *Wühlt sich unter die Erde.*

EUNUCH Frau, werft Euer Becken nicht so in den Wind. *Deutet auf die Soldaten:* Die einfache Natur, die die Scham kennt, wird Euch zerfledern bis zum Steiß. – Pardon, die Königin.

ERSTER SOLDAT Wo ist der König.

KÖNIGIN Gehört Ihr zu seinen Eunuchen.

EUNUCH Seht Ihr nicht, daß ich Euerm Fleisch standhalt ohne sinnlosen Aufwand an Moral, Madame.

KÖNIGIN Gewiß, Ihr haltet Euch.

ZWEITER SOLDAT Ein Toter, Herr.

HU HAI So gut wie. Laßt mir eine kurze Spanne, Herrn. Ich hänge nur noch in der lauen Luft, an den Fäden der Dinge. Ich löse mich von selbst. Ich atme nur noch gelegentlich, wenn ich die Kraft brauche, dies zuendezubringen.

EUNUCH Der König!

SOLDATEN Heil dem König.

HU HAI Was will das. Bin ich schon von Sinnen.

EUNUCH Hoheit, Eurer Armee Rest bittet, Euch folgen zu dürfen in die Schlacht für den Thron.

HU HAI Ich entsinne mich. Der Speichel des Kronrats. Hund, willst du einen König.

EUNUCH Wir brauchen Euch, Euer Gnaden, als ein Banner.

Soldaten heben Hu Hai auf.

Bringt ihn ins Zelt.

HU HAI Mit Gott, Ihr Herrn. Ich hab einmal genug. *Rennt mit Wucht den Kopf gegen einen Baum.*

DRITTER SOLDAT Er ist tot, na.
EUNUCH Helft der Königin.

10

Krönung des Bauern Gau Dsu zum Kaiser von Tschin

10.1
Gau Dsu sitzt vorn an der Rampe, zusammengesunken. Su Su,
Jing Jing, Meh Meh beginnen, ihm die kaiserlichen Kleider
anzulegen. Tschu Jün, betrunken. Personal installiert den neuen
Thron. Arbeitslicht.

PERSONAL *laut:*
 Nach links, Mann. Weiter. So. Und höher rauf.
 Ganz hoch. Na also. Festkeilen. Macht kein Mist.
 Schon mal was von Arbeitsschutz gehört.
 Wer soll denn da sitzen, Mensch. Jetzt isser fest.
 Der hält hundert Jahre. Wenn nich der Wurm drin is.
 Pfoten weg. Sieht gut aus, wa. Für das Geld
 Kannste den Saal bestuhlen. Unser Geld.
 Räumt auf.
SU SU *dazwischen:*
 Das Hemd könnt Ihr nicht anbehalten, Herr.
 Ziehn es aus. Dreck fällt aus den Taschen.
GAU DSU
 Erde.
 Hält das Hemd an sich gedrückt.
  Das bleibt hier. Meins.
TSCHU JÜN

                    Mach hin, Freund.
 Blick nicht mit so unwesentlichem Gesicht
 Auf ein historisches Datum. Deine eine
 Frau holst du nicht mit gerungenen Händen
 An deine Knie wieder. Komm zu deiner

Substanz.

GAU DSU

      Laß sie aufspüren im Reich
Tschu Jün. Ich brauch sie.
Fällt vornüber.

TSCHU JÜN

              Diese Auffassung
Von Tragik stammt aus einer alten Ästhetik.
Liest du dein Schicksal nur aus deinem Dreck.
Von deinen Eingeweiden strahlt dein Stern nicht.
Was ist noch Schicksal, wo Geschichte ist.
Exzeß:
Gleiches Recht, Junge, fordert einen
Gröbern Blick aufs Leben. Auf den Trümmern
Des alten Glücks das neue, eins das andre
Hindert wie Lehm das Gehn. Alles private
Eigentum an Schmerz frißt das gleiche
Gesetz, das keine andre Macht als sich kennt.
Jedem die Türe auf in Grund und Abgrund.
Nur Verdienst zählt noch und nur Versagen.
Strafe und Lohn die Zangen, die aus uns
Die Kraft zerrn, unerbittlicher
Als Lust. Bis das Gesetz wie ein Reflex
Im Fleisch der Ordnung spielt und wütet
Mit Eigensinn einer Naturgewalt
Alles hinwegsengend was ihm entgegen
Lebt. Zuletzt in der von ihm durchtränkten
Welt selber überflüssig wie ein Thron
Gerümpel, Schrott. Sei das Gesetz, Gau Dsu.
Gau Dsu, angekleidet, bleibt apathisch sitzen. Tschu Jün gibt ein
Zeichen. Tschu To, zwanzig Beamte. Vier stemmen den
unwilligen Gau Dsu Stufe für Stufe hinauf. Tschu Jün lacht.
Oben verharrt Gau Dsu hilflos und komisch.

EIN BEAMTER Hoheit, die Kappe.
Setzt sie ihm auf. Beamte unten formieren sich zum großen
Zeremoniell.

TSCHU TO Euer Gnaden, diese zweihundert hohen Beamten möchten Euch mit dieser Kundgebung begrüßen als den Kaiser von Tschin.

Licht. Verbeugungen.

GAU DSU *verwandelt:*

Die Macht ist schön.

Läßt das Bauernhemd fallen. Kräftig:

                Mein Kanzler Tschu Jün

Holt mir den Philosophen Wang herein.

TSCHU JÜN *verneigt sich:* Jawohl, Herr.

Wang wird in einem Käfig am Halsbrett hängend hereingetragen.

GAU DSU Guten Tag.

Wang stöhnt.

Herr Wang, ich muß Euch sagen, wer Ihr seid. Wir haben hier eben eine Zeremonie erlebt, wie sie großartiger in Tschin noch nicht gesehen wurde. Ich muß sagen, ich bin gerührt. Ihr sagt: die Rituale seien ein verlogenes System der Ungleichheit. Nein, redet nicht, es wird Euch schwerfallen, mir zu entgegnen. Ja, man muß die Gleichheit im Auge behalten, aber die Verschiedenheit kennen. Denn ließe man das Volk handeln nach Lust und Laune, ohne ihm eine Grenze zu setzen, so würde es in seinem Sinn verwirrt und könnte sich überhaupt nicht mehr freuen. Das Ritual ist keine Taktik, es ist die heilige Wahrheit der Klassiker.

Wang stöhnt.

Er will mich nicht reden lassen. Ihr sagt: es sei leicht zu wissen aber schwer zu handeln. Nein, nicht das Handeln ist schwer, das Wissen ist schwer – im Handeln eben muß es gefunden werden. Aber es gibt Leute, die das Neue nur wollen, wenn es hundertmal besser ist als das Alte. Herr Wang: sollen wir das Neue nicht benutzen, Voraussetzungen zu schaffen, daß es hundertmal besser wird?

Wang stöhnt.

Eure Reden – aber Ihr schweigt ja schon – sind eine unverantwortliche Ausdeutung der klassischen Bücher, eine verbote Privatkommunikation mit den Geistern, ein unbeherrschter, anmaßender Aberglaube. Im Gewande eines Mannes aus dem Volk, das die Kanäle baut, seid Ihr ein Verräter.

Wang reckt die Hand aus dem Käfig.

Was meint er?

TSCHU JÜN Er meint, daß Ihr auf Euer Hemd tretet, Herr, das Hemd des Bauern.

GAU DSU *trampelt verwirrt auf dem Hemd, reißt es unter den Füßen vor:* Stopft ihm das Maul damit. Wang, hier, unter Unsern Füßen, sollt Ihr begraben sein.

Beamte ziehn Wang aus dem Käfig, stoßen ihm das Hemd in den Mund. Andere schaufeln eine Grube, werfen Wang hinein, schaufeln ihn zu. Gau Dsu setzt sich auf den Thron. Wang lacht unter der Erde. Die Beamten treten die Erde fest. Das Lachen dröhnt. Su Su, Jing Jing, Meh Meh zum Thron hinauf. Gau Dsu greift in ihre Brüste.

Zugleich mit heutigem Datum öffnen Wir
Die Blumenhöfe. Als eine schöne
Tradition den angespannten Dienern
Unserer Macht zugänglich nach Verdienst.

Bau Mu und ihre Mädchen schlagen von innen die Fenster des »Blumenhofs« auf. Jubel der Beamten.

MEH MEH

DubisteingroßerMann deinKörperlangt
Dirnichtfürdichwillstduinmeinemsein

BAU MU *aus der Tür:*

Ein göttlicher Beschluß u n d weise, Hoheit.
Sie werden schindern wie die Kümmeltürken
Den Punkt vor Augen, den sie erfüllen wolln
Mit ihrer Kraft.

MEH MEH

OlaßmichdeinenSpeer
ZurWolkeschleudernbismeinRegenfällt

GAU DSU Wir erlauben Euch zu gehn.

Ausmarsch der Beamten. Einige hechten in die Fenster des

»Blumenhofs«.

TSCHU JÜN

                              Ist es wahr
Und ich betrunken und alles läuft
Nach äußerstem Kampf, der es blutig reißt
Mit wundem Hirn in die neue
Ordnung. Der so maßlose Wille
Hängend im Teer der Tatbestände, menschlichen
Gangs, immer auf den Horizont zu weg-
Schwimmender Zukunft.
Wangs Lachen dröhnt
Weil der Betrunkene wahr spricht.

10.2
Gau Dsu, allein, schläft im Thron. Vier Geistersoldaten tragen ihn mit dem Thron behende die Stufen herab.

GAU DSU Wohin!
   Bezirksgott.
ERSTER GEISTERSOLDAT Der Bezirksgott.
BEZIRKSGOTT Gau Dsu, glaubst du an den Geist der Revolution?
GAU DSU Ja, meingott, ich glaube noch an ihn.
BEZIRKSGOTT Dann kann ich dir diese Szene nicht ersparen.
ZWEITER GEISTERSOLDAT Avanti.
   Tragen Gau Dsu weiter, gefolgt vom Bezirksgott. Geist, zwanzig Geistersoldaten.
GEISTERSOLDATEN *murmeln:* Der Abtrünnige kommt.
BEZIRKSGOTT Großer Geist, ich bringe dir Gau Dsu.
   Geist schweigt. Geistersoldaten ziehn Gau Dsu vom Thron. Er steht strampelnd in der Luft.
GEIST Ich irre mich immer wieder. Ich hoffte, daß du dem Glück gewachsen wärst, Gau Dsu. Gau Dsu, du hast die Erde nicht mehr an den Füßen.
   Geistersoldaten legen Gau Dsu über den Thron, prügeln ihn mit

großen Keulen.

GAU DSU *panisch:* Geist warum quälst du mich habe ich dir. Nicht einen großen Dienst erwiesen habe ich. Nicht gekämpft hat sich das Leben von Millionen. Nicht verändert

Geist schweigt.

Was soll ich tun Geist

GEIST *bedeutet den Geistersoldaten einzuhalten:* Ich wollte dich töten lassen. Wieder ein Fehler. Ich irre mich zu oft. Die Eunuchen würden die Macht wieder an sich reißen. *Steht ratlos. Hysterisch:* Du hast unsre Sache verraten. Hau ab, dawai.

DRITTER GEISTERSOLDAT Sollen wir ihm das Schwert lassen, Großer Geist?

Geist überlegt. Gau Dsu umklammert sein Schwert.

GEIST Nur bis zur nächsten Neuen Zeit.

GAU DSU Ich danke dir, Geist. Ich werde arbeiten, bis ich umfalle.

Vier Geistersoldaten tragen ihn mit dem Thron zurück.

BEZIRKSGOTT *zum Geist:* Ich kenne die Gegend, Genosse. Frage der Produktionsweise. Die Massen im Clinch der Arbeit, ausgeschlossen von der gesellschaftlichen Synthesis. Tretmühlenkultur. Wir schreiben das Jahr 202 vor dem Messias. Die Theorie geht auf Krücken. Nicht die Nerven verlieren, Genosse. Bewege dich an die Basis, Salut.

GEIST Bin ich versumpft, meingott. *Vernichtet sich.*

BEZIRKSGOTT Wo ist er?

Geistersoldaten sehen sich an.

VIERTER GEISTERSOLDAT Er lernt wieder einmal.

11

Die neue Zeit. Ende des Kampfs zwischen Gau Dsu und Tschu Jün

Gau Dsu auf dem Thron. Su Su, Jing Jing, Meh Meh kraulen ihn.
Unten Tschu Jün, zwei Zensoren: die Kandidaten aus 7.

TSCHU JÜN

    Zensoren, vor ich mit dem Kaiser handel
    Über unaufschiebbare Dinge als wie Zukunft
    Versorgt ihn mit der Wahrheit und brutal
    Über den Staat.

ZENSOREN

             Jawohl, Herr.

TSCHU JÜN

                  Und brutal.

   Ab.

ERSTER ZENSOR

    Hoheit, Eure des Lebens Tschins Zensoren

ZWEITER ZENSOR

    Berufen, seines Großen Glanzes kleine
    Mängel und Schwächen aufzudecken

ERSTER ZENSOR

    Intern, versteht sich

ZWEITER ZENSOR

             mit dem Blick nach vorn

ERSTER ZENSOR

    Nach oben

GAU DSU

       Was.

ZWEITER ZENSOR

          Die Bauern, Hoheit. Oder
    Auch Landbewohner, sozusagen Volk

GAU DSU

    Was ist mit Bauern.

ERSTER ZENSOR

                    Nichts. Obwohl gewisse

Erscheinungen

ZWEITER ZENSOR

               untypische Vorfälle

ERSTER ZENSOR

Dem Wesen fremd, also befremdlich, un-
Geregelte Ausbrüche

GAU DSU

                    Ausbrüche?

ERSTER ZENSOR

Plumpen Volkszorns

ZWEITER ZENSOR

                 besser: zorniger Plumpheit

ERSTER ZENSOR

Dumpfheit Dummheit, unter Bauern üblich

GAU DSU *lacht:*

Verstehe.

ERSTER ZENSOR

             hindeuten auf gefährliche

ZWEITER ZENSOR

Mehr oder weniger

ERSTER ZENSOR

                 Versäumnisse

ZWEITER ZENSOR

O, verständlich

ERSTER ZENSOR

              vielmehr Unachtsamkeit

ZWEITER ZENSOR

Sagen wir: siebensamkeit

ERSTER ZENSOR

                  der Behörden.

Die Lage ist fest im Griff.

GAU DSU *stößt die Frauen weg:*

              Was soll das heißen.

Gibt es Unruhen.

       Herr, der Mensch, unruhig
Liegt er im Mutterleib, und an der Brust
Im Bette erst, und vollends im Beruf:
Die Unruhe selber, und der Tote noch
Im Grab findet nicht Ruh, infern er lebte.

GAU DSU

Ein Aufstand also. Jetzt präzis die Gründe.

ERSTER ZENSOR

Ja, Steuern, Zwangsarbeit, Verarmung, klar.

GAU DSU *steht auf:*

Moment.

ERSTER ZENSOR

       Herr, wie Ihr wollt. Der Grund im Grunde
Ist die Befindlichkeit der Weiterungen
Des allgemein bekannten Großen Glanzes
Der das Land hell macht, aber hell und dunkel

ZWEITER ZENSOR

Sowie dunkel und hell

ERSTER ZENSOR

       die Seiten, Herr

ZWEITER ZENSOR

Der Fortschritt. Die Zufriedenheit sowie
Die Unzufriedenheit, weil es vorangeht

ERSTER ZENSOR

Mit beidem. Das Land naß, die Kehle trocken.
Lacht.

ZWEITER ZENSOR

Die Schraube an der Mutter.
Lacht.

ERSTER ZENSOR

       Leerer Sack.

Lachen beide.

GAU DSU *tiefernst:*

Die Bauern, sagt ihr da, sind nicht zufrieden.

ERSTER ZENSOR

Sowie nicht unzufrieden

ZWEITER ZENSOR

                        unwirsch, Hoheit.

GAU DSU *zu den Frauen, scharf:*

Laßt mich allein.

Frauen ab.

                  Obwohl das Land verteilt ist

Zu gleichen Teilen.

ERSTER ZENSOR

               Ist, und war

ZWEITER ZENSOR

                     und bleibt

Und nicht bleibt während es bleibt

GAU DSU

                  Halt. Halt.

*Eilt die Stufen herab, schlägt mir der flachen Hand gegen die
Stirnen der Zensoren.*

Zensiert ihr eure Zungen. Ist der Posten

Ne Zumutung für einen Angestellten

Indem er treu ist. Wahrheit reden müssen

Vorm vorgesetzten Kaiser. Streicht den Posten

Er ist unmenschlich.

Zensoren gebückt ab. Tschu Jün.

               Tschu Jün, altes Orakel

Mit dem Gesicht wie die Schale der Schildkröte.

TSCHU JÜN

Zusammenfassend, Herr: die Bauern toben.

Der Adel sammelt Spieße. Vor den Mauern

Die Hunnen.

GAU DSU *bleich:*

           Drei Feinde auf einmal.

TSCHU JÜN

                Die Bauern

Auch, Herr? Nennt sie nicht so.

GAU DSU *steigt, sich auf Tschu Jün stützend und ihn mitziehend, zum Thron hinauf:*

Wie denn, Tschu Jün.

TSCHU JÜN *setzt sich auf den Thron:*

Sie sind nicht uns, wir sind ihnen feind, Gau Dsu.

GAU DSU

Weißt du, was du da sagst.

TSCHU JÜN

Nicht ganz, Herr. Herr

Laßt die Kaufleute singen ihr Gesuch.

GAU DSU

Was Kaufleute. Wir reden hier von Bauern.

Tschu Jün pfeift. Drei Kaufleute.

TSCHU JÜN

Das sind Kaufleute, drei, soviel ich seh.
Uns sehr verbunden, wie man Schuldnern ist.
Verwirrt sie nicht, als wär jetzt Bauer jeder
Der Euch vor den Thron kommt. Liebe Leute
Tragt unserm ungeübten Kaiser die
Materie sachte vor.

GAU DSU

Kein Wort davon.

Die Wassermühlen, wie. Das Eisengießen.
Die Industrie im Acker. Soll der Bauer
Noch einen Presser mehr bezahlen jetzt.
Eher, ich weiß es, steht er im Wasser
Das er tritt, bis zum Hals. Was treibt euch
Das Wasser so zu treiben ohne Beine.
Die Herrn wollen verdienen, geh ich richtig.
Sie schießen uns den Kies vor, weil wir blank sind
Und wollen wieder Kies ziehn aus dem Eisen
Zu selbem Wucher. Wie bei den Barbaren.
Der Kaiser schwitzt sichs aus den Rippen, wie.
Aber er ist ein Bauer, und der Bauer
Weiß: das lebt von seinem Schweiß. So schwitzend
Wie ein Vieh und unnatürlich denkend
Fällt Uns ein Trick ein, der euch jetzt hereinlegt

Und euch das Wasser von der Mühle nimmt.
Nämlich das Eisen wird ein Ding, dem Staat
Gehörig wie die gleich ihm harte Macht.
Ein Monopol, Freunde, ihr seid enteignet
Von einem Bauern. Geht aus Unserm Aug.
Lacht laut. Tschu Jün lacht mit.

TSCHU JÜN

Bleibt. So wird der hochverehrte Bauer
In seinem Lehm stecken bis er schwarz wird
In alter Geschichte. Herr, Ihr seht nicht durch.
Unsere Macht, Herr, hält sie, heißt sie Stillstand.
Die Wendung, mir beliebt, ist Euch unfaßlich
Ich sehs Euch an. Herr, laßt die Bauern fallen
Ihr könnt ihnen nicht helfen in der Haut
Eh sie sich durchwetzt, und sei es mit Schinden.

GAU DSU

Mein Thron.

TSCHU JÜN

       Schon wieder mein. Und meine Dummheit
Daß du ihn hast mit deiner Dummheit, Junge.
Gau Dsu reißt ihn vom Thron.
Gut, stehn wir beide, bis das ausgefochten
Ist, was uns trennt seit wir uns an die Hälse
Greifen.

GAU DSU

       Willst du Uns was erzählen, Knecht.
Wir geben dir das Wort zu einer Rede.

TSCHUN JÜN

Als Alexander der Grieche, schleifend
Sein Heer über die Schwelle Asiens
In Gordion stand, altem Fleck in Phrygien
Brachte man in sein Zelt ein verwickeltes Seil
Verknotet vor Urzeiten, mit Worten:
Wer es löst wird siegen. Die Phrygier
Vor sie sich hängen ließen, schoben einen
Toten König vor als Urheber

Namens Gordias, vermutlich in der Panik
Erfunden. Alexander, blaß
Bis unter den Helm, sah das Ding unlösbar.
Am andern Morgen mit dem Schwert zerhieb er
Den Knoten und gelangte nach Indien.
So der Barbar. Dem König Yüan von Sung
Im Haushalt tätig, fettleibig, schenkte
Ein Mann aus Lu ein ähnliches Gewirre
Ohne Anlaß. Der König gab Befehl
Man möge nun, das Ding zu lösen, kommen.
Wie anzunehmen aus unsrer Verknotung
Dieser Storys, kam man nicht zurande.
Einer der vielen Redner, Schüler wieder
Des Redners Erh Shuo, knüpfte, halb blind schon
Das halbe Knäuel auf, erklärend jetzt
Mit seligem Grinsen dem atemlosen Yüan
Daß er die Lösung habe. Nämlich die
Lösung sei: der Knoten sei unlösbar.
Womit man sich zufrieden gab, die Hände
Vor dem Gewirr im Schoß in endloser
Gegenwart und ohne
Zukunft. Alexander allerdings
Starb auf dem Feldzug.
Langes Schweigen. Kaufleute kichern.

GAU DSU

Wir wollen dir deine Worte vergessen, Freund.
Umarmt ihn. Tschu Jün fällt erwürgt zuboden. Kaufleute
werden es gewahr, rennen bestürzt hin und her.
Was saht ihr.

ERSTER KAUFMANN *zitternd:*

     Einen Mann, vor Freude
Ob Eurer Umarmung starb er.

GAU DSU

         Ja, so ists.
Kaufleute werfen sich nieder.
Weil ihr es saht, würde es mich erfreuen

Ihr liefertet mir schleunig alles Geld
Das auf der Kante liegt.

ZWEITER KAUFMANN

Herr, es ist Euer.

GAU DSU

Es ist ein Amt wert, in dem Monopol.

DRITTER KAUFMANN

In Euerm, Herr.
Kaufleute gebückt ab.

GAU DSU

Das Geld geht seinen Weg
Zu Hsien, dem Bauern, der die Fahne trägt.
Setzt sich gekrümmt auf den Thron.
Eh sich die Welt nicht umwälzt bis zum Dreck
Ist sie uns heillos und der Rücken krumm.
Was nicht für alle taugt, wird wieder stumm.
Das Leben ist nicht mehr wert als sein Zweck.

*Vorhang. Während sich die Spieler verbeugen, kommt Wang
aus dem Boden.*

WANG

Damen und Herrn, Sie sehn, ich lebe und gern.
Legt das Kostüm ab.
Die neuen Zeiten, von den alten wund
Sind neu genug erst, wenn wir aufrecht stehn.
Die Plage dauert und kann uns vergehn.
In unsern Händen halten wir den Grund.

Simplex Deutsch

Szenen über die Unmündigkeit

Personen

Sächsischer Simplizius
Schmidt · Sigusch · Frau · SS-Leute
Polenblut
Dorfbewohner: Kinder · Pole · Frau
Trommeln in der Nacht, 6
Kragler · Anna, seine Frau · Zwei Gardeschützen · Glubb, Spartakist · Auguste, Prostituierte · Vier Soldaten des Maikäferregiments · Großkopf, hohe Charge
Kommentar 1: Heimatkunde
Bauern · Kulak: Mann Frau Kind · Rotgardisten · Weißgardisten · Der Genosse
Bebel oder Das neue Leben / muß anders werden
Ein Schauspieler · Bebel · Braut · Bräutigam · Hochzeitsgesellschaft · Kapitalist · Fronherr · Sklavenhalter · Kehrfrau · Bebeln · Leitung · Ein Skiläufer
Auftritt Godot
E · W · G (B)
Ulrike Kragler
Kragler · Anna · Ulrike, beider Tochter · Fünf oder sechs hochschwangere Frauen
Kommentar 2: Hans im Glück
Großmutter
Die Enkel fechtens besser aus oder Der diskrete Charme der Arbeiterklasse
Bebel: der Sohn · Bebel · Sanitäter · Rosi · Polizisten
Befreiung
Kragler · Bebel: der Großvater · Die Toten · Sklavenhalter · Fronherr · Kapitalist · Zwei Soldaten der Roten Armee · Junge

Erster Teil

Simplex Deutsch

Sächsischer Simplizius

Im April 1945, vor dem Ende des Krieges, erhielten die Soldaten Schmidt und Sigusch den Befehl, die Frau ihres Hauptmanns aus dem westfälischen Kampfgebiet in Sicherheit zu bringen. Sie fuhren in einer DKW, die Frau im Beiwagen, in Richtung Dresden, der schon total zerbombten, nun also sicheren Stadt. Bei einer Rast an der Grenze Sachsens beschloß Schmidt, seinen Krieg zu beenden. Er sah die Felder im hellen Licht, Dörfer, die unverbrannte Erde. Er hatte alle Angst verloren, und eine Müdigkeit befiel ihn, ein endgültiger Verdruß. Er spürte sein Herz rasend klopfen, in einem wahnsinnigen Gedanken: endlich selbst zu entscheiden. Ich steige aus, sagte er und nahm das Gewehr von der Schulter, um es fortzuwerfen. Das wirst du nicht, sagte Sigusch. Das werde ich, Kamerad. Und sie richteten ihre Waffen aufeinander. Die Frau des Hauptmanns, als sie begriff, was sich ereignete, schrie: Fahren Sie weiter. Ich zeig euch an! Und auffahrend von ihrem Sitz, rief sie empört: Hilfe! Hilfe! Schmidt, zwischen dem Gewehrlauf des Freundes und der ausgestreckten Hand der Matrone, versuchte sich zu besinnen. Aber er merkte, mit einer entsetzlichen Freude, daß er kein Gefühl mehr für seine Pflicht hatte und er nurmehr an seinem Leben hing. Er schoß die Frau nieder. Im selben Augenblick hielt eine Patrouille der SS vor der Toten. Was geht hier vor. Raus mit dem Text. Die Frau des Hauptmanns. Er hat sie erschossen! rief Sigusch. Aber Schmidt sagte: Die Frau des Hauptmanns. Er hat sie erschossen! Die SS-Leute sprangen vom Motorrad. Ein Deserteur, rief Sigusch. Ein Deserteur, rief Schmidt. Dann hängt ihr beide, sagte die SS. Sigusch, kalkweiß, starrte auf den verblödeten Kameraden. Schieß, schrie er plötzlich, schieß! Und riß das Gewehr ans Kinn und schoß, und Schmidt schoß, auf die verblüffte Patrouille, die in den Sand sank. Jetzt lag das Leben vor ihm. Dann hörten sie den Donner der Front. Der Russe, sagte Schmidt. Die Toten, grinste Sigusch, werden uns retten. Sie standen reglos im Wald. Zwei Stunden später, angesichts des Feinds, aber griff Schmidt wieder zur Waffe, indem sein Pflichtgefühl erwachte, ohne Befehl und Kommando, aus eingeübtem Gehorsam, und eröffnete vor den Augen des heulenden Kameraden das Feuer. Die Russen schossen zurück. In der ersten Salve fiel Sigusch, wenig später Schmidt, von Schüssen durchsiebt, am Ende des Krieges.

Polenblut

Dorfbewohner: alle gespielt von Kindern.

In Deutschland in Dummsdorf im zweiten Weltkrieg
Feierte das Volk einen Sieg
Über einen Polen und eine Hur.
Was ging da vor.
Dorfbewohner schwirren ab, kommen mit Polen und Frau:
zwei Erwachsenen.
Da sind die beiden, nackt und blaß
Da gibt es ein Gesetz für das.
Förster, bring einen Baum. Holzhauer
Stell ihn auf. Einen Strick, Bauer.
Richten den Galgen auf.
Aber wir sind keine Unmenschen nicht
Das wird eure Hochzeit und kein Hochgericht.
Ich frage dich, Pauline Kropf
Gemüsehändlerin, hast du was mit Kristof
Der unser Kriegsgefangener ist
Infolge der deutschen Kriegslist
In meiner Kohlenhandlung, und ich trink mein Bier
Da liegen sie zwischen den Kohlen hier.
Pole und Frau zuboden.
Ist es an dem, daß sie zusammen gehn.
So dürft ihr nebeneinander stehn.
Führen die beiden in die Mitte.
Ist es wahr: ihr habt euch beide lieb
So seht euch fröhlich an, nicht trüb.
Willst du gern dem Mann seine Braut sein
Dann machen wir dich erst recht fein.
Ziehen der Frau ein Brautkleid an.
Für das Fest die neue Frisur
Man sieht: die hat etwas vor!
Scheren die Frau kahl.
Nun wird es Zeit für das Aufgebot.

Hängen beiden Schilder vor die Brust.
Wollt ihr euch treu sein bis in den Tod.
Dann tretet unter diesen deutschen Baum
ICH TRÄUMT IN SEINEM SCHATTEN
SO MANCHEN SÜSSEN TRAUM.
Bevor es kommt zu den Formalitäten
Wollen wir ein Vaterunser beten.
Jetzt die Ringe für die Kandidaten.
Schlinge um den Hals des Polen, um den Leib der Frau.
Sind sie zu eng geraten.
Nun kommt deine Hochzeit, Polack. Doch
Wollt ihr euch überhaupt noch.
Pole hängt, Frau am Pranger.
So feiern wir mit dem ausländischen Feind
Der die schändet und Deutschland meint.
Ein gesundes Volk läßt sich nicht unterkriegen
So werden wir die kranke Welt besiegen.
Es war eine Nacht mit Mondenschein.
Sie tanzten um den Galgen Ringelreihn.

Trommeln in der Nacht, 6

Vor dem Eden-Hotel. Am Boden Flugblätter, Fahnen, zerfetzte Plakate. Frische Anschläge: KAMERADEN! DAS FREIKORPS RUFT. MELDET EUCH. *Zwei Gardenschützen stehn Wache. Kragler mit breiten Schritten durch den Wind. Anna, schwanger, weit hinter ihm. Weißer Mond. Einzelne nahe Kanonenschüsse.*

ANNA Andree, wohin läufst du!

KRAGLER In den Wind. Auf die Straße. Ich brauch Himmel, dein breites Bett deckt mich zu wie Schlamm. Ich bin verschüttet.

ANNA *fällt hin:* Schlag mir ins Gesicht!

KRAGLER Zu Befehl! Soll ich mich aufhängen an deinem Hals? Ich muß mich kümmern. Ich bin verfault. Ich seh nichts mehr. Ich muß in den Graben!

ANNA Jetzt hast du dich selbst über. Jetzt speist du, weil du auf mich geflogen bist.

KRAGLER Sagt Anna Balicke, Berlin-Mitte, auf ihren weißen Knien, auf die ich geflogen bin!

ANNA Weil ich auf dich gewartet hab! Weil ich vier Jahre vor der Fotografie gesessen bin, und du warst tot und durch das Gesicht geschossen. Weil ich ein Kind im Bauch hab nicht von dir, und das Kind soll keinen Vater haben, aber ich will dich, Andree!

KRAGLER Was für ein weißer Schädel droben. *Steht vorgebeugt:* Hörst du, wie es still ist? Alles still. Das Zeitungsviertel. Der Kurfürstendamm. Jetzt kommt das Hackbeil. *Lächelt:* Ich bin an deinen Knien gelegen.

ANNA Du redest ganz kindlich, Andree.

KRAGLER Warum jubelst du nicht? Warum singst du keine Arien aus deinem Hals? Warum stinkst du nicht zum Himmel? Hosianna. *Lacht zurückgebogen:* Vier Jahre Krieg, ein Tag Revolution, ich bin in dein breites weiches Bett. Andreas Kragler, das Schwein. Der Mond war rot, jetzt ist er weiß, wie abgeschossen. Du stehst mir hier!

ANNA Ich geh in die Spree.

KRAGLER Wohl bekomms! Grüß die Fische! Nimm den Kanal, hier ums Eck!

Anna stumm ab.

Wer flennt, ertrinkt nicht.

Glubb mit einer Waffe unterm Mantel, die Prostituierte Auguste.

ERSTER GARDESCHÜTZE *mit dem Bajonett:* Hoppla, Mädchen, ein Loch mehr gefällig? Verdienst du doppelt.

AUGUSTE Danke, ich komm aus.

Hastet vorwärts. Vier Soldaten des Maikäferregiments queren die Bühne.

ERSTER MAIKÄFER *vor Glubb:* Halt! Inventur, Meister.

AUGUSTE Die Maikäfer!

ZWEITER MAIKÄFER Er hat eine Waffe. Dalli, nach Moabit.

Kaschen Glubb.

DRITTER MAIKÄFER Spartakisten. Poliert ihm die Fresse.

ZWEITER GARDESCHÜTZE Den ham se. Hähähä.

GLUBB Sie ist nur so hergelaufen. Auf dem Strich.

VIERTER MAIKÄFER Auf der Linie, meinst du?

KRAGLER *perplex:* Glubb, einn Schnaps, Genosse.

Glubb stiert Kragler an.

AUGUSTE Darf man nicht auf Schicht bei Scheidemann?

ERSTER MAIKÄFER *zu Kragler:* Der kennt dich.

GLUBB Ach wo.

Kragler hebt herausfordernd die Faust zum Gruß. Zwei Maikäfer halten ihn. Auguste hebt den Rock.

AUGUSTE Man darf nicht auf Schicht bei Scheidemann?

KRAGLER Wer bin ich!

GLUBB *mitleidig:* Den kenn ich nicht. Nee, Teufel, nee. Nicht in meinem Lokal.

KRAGLER *keuchend:* Glubbs Destille, Chausseestraße.

Maikäfer lassen Kragler los.

AUGUSTE *zu Kragler:* Zurück vom Abtritt, Artillerist?

VIERTER MAIKÄFER Verkühl dich nicht, Süße. Es ist Januar.

DRITTER MAIKÄFER *grient:* Also. Dort habt ihr Roten getrunken.

GLUBB Roten und Weißen.

DRITTER MAIKÄFER Und wolltest mit der Waffe kassieren. Im
Tiergartenviertel.

GLUBB Ach nee, wie könnt ich! Bei dem Mond. Die Revolution
fällt aus.

AUGUSTE Die Rechnung ist offen. Euer November kommt.

VIERTER MAIKÄFER Nicht im Januar, Süße.

Maikäfer schleifen Glubb weg. Großkopf in der Hoteltür.

ZWEITER GARDESCHÜTZE Den ham se. Hähähä.

AUGUSTE *Kragler ins Gesicht:* Die Ratten betreten das steigende
Schiff. Der Spießer aus Afrika! Der verrät Vater und Mutter.
Dem hab ich Kirschwasser eingeschüttet, als seine Braut den
Bauch voll hat! Der ist sich wichtig. Der ist mit dem Mensch
weg aufs Kanapee. Hinter die Gardinen. Der Revolutionsge-
winnler.

KRAGLER *lacht krampfhaft:* Auguste.

AUGUSTE Mit so was steh ich auf der Chaussee. Der will sein
Glück: der geht über Leichen. Das ist die Logik von dem Typ.
Der kann sich abmelden beis Sonnenlicht. Den übersieht man
glatt. Jetzt hängt er sich auf, über der Fleischbank.

KRAGLER *panisch:* Holla, Kanaken. Habt ihr einen Platz frei an
der Kanone?

ERSTER GARDESCHÜTZE Er will an die Kanone.

ZWEITER GARDESCHÜTZE Bei dem komm se. Hähähä.

KRAGLER Ich hab nur das Hemd gewechselt. Ich hab nur den
Kontinent gesucht. Ich bin zur Stelle!

ERSTER GARDESCHÜTZE Hast du Sprit im Darm? Ist dir die Haut zu
eng?

KRAGLER Meine Haut liegt in Afrika in der Sonne. Meine
Knochen, Junge! Wohin mit meinen Knochen? Ich brauch eine
Montur.

GROSSKOPF Gratis, Kamerad, wenn du auch Mark hast. Friß das
Plakat nicht an.

AUGUSTE Den können Sie ballern lassen. Der ist treu wie Gold.
Der hat Romantik im Hirn.

KRAGLER Ich bin mit den Kanonen gekommen! Ich habe Afrika

an den Händen! Ich habe Krieg gemacht!

ERSTER GARDESCHÜTZE Und Revolution, gell.

GROSSKOPF Ich schau dir ins Auge, du. Ich such meine Leute aus, wies Vieh. Zeig deine Zähne.

Kragler tuts. Großkopf fährt zurück.

Ich trau dir nicht. Eine Physiognomie aus der Gosse. Dich stell ich auf die Probe, Kerl. Dich fitzen wir auf. *Zu Auguste:* Geh her! *Wirft ihr eine große rote Fahne über den Kopf.*

AUGUSTE Unter der Decke, wie. Unter der Zudecke von Ebert und Scheidemann.

GROSSKOPF Jetzt gehört er schon uns: lebend oder erschossen. Ich mach ein Experiment mit dir. Weißt du, wen wir hier haben? Unter der Fleischerfahn. Du ahnst es nicht. Streck die Pfoten vor!

Kragler tuts.

Halt sie grade. Lächeln. Jetzt heißts lächeln, Mensch. Kein Zittern, kein Zucken. Auf los gehts los. Hier haben wir die rote Rosa drin.

AUGUSTE *lacht:* Die rote Rosa. TÖTET ROSA. Die Flamme der Arbeiter.

Kragler bricht der Schweiß aus, er verzieht das Gesicht. Großkopf vexiert ihn.

KRAGLER *schreit plötzlich:* Hurra!

GROSSKOPF Da hat er Schwein gehabt.

KRAGLER *heiser:* Ich bin kein Verräter. *Schlägt irr auf den Boden.* Ich bin kein Dreck.

ZWEITER GARDESCHÜTZE Bei dem komm se. Hähähä.

AUGUSTE *unterm Tuch:* Dreck aller Länder! Verratene, die im Dreck sind. In Moabit, im Wedding, in den schwarzen Fabriken. Arbeitsvieh, vereinigt euch. Raus auf die Chaussee. In die Rote Republik.

ERSTER GARDESCHÜTZE *zugleich:* Jetzt, wer hat sein Maul aufgerissen? Wer ist am Schuß? Wer will seine Arbeit machen?

Kurze ferne Trommelwirbel. Kragler steht schwankend auf.

Einer wie du, der ein Roter sein könnt, muß sich hervortun! Der muß sich den Grind abbeißen. Der muß ein Vieh sein.

Kragler tappt nach einem Gewehr.
St! Er will Hand anlegen. Es ist ihm blutig ernst. Er will seine Kugel schieben. Für Gott und Vaterland.

KRAGLER *schreit:* Wer bin ich? Bin ich ein Affe? Hab ich noch kein Hirn gesehn? Hab ich nicht im Lehm geflackt? Aufgepaßt! Ich zeig, was ein Bluthund ist.
Schlägt mit dem Kolben auf die Fahne ein, Auguste bricht zusammen. Gardeschützen stehn verdutzt. Lautes Trommeln.

ZWEITER GARDESCHÜTZE *bleich:* Bei dem komm se.

GROSSKOPF Sau. Die ist hin. *Angewidert:* Ich nehm ihn.

KRAGLER Kragler, Andree!

ERSTER GARDESCHÜTZE Er hat sich ausgezeichnet. Mit einem blutigen Orden. Heft ihn an. *Drückt ihm Auguste an die Brust.*

KRAGLER *im Rausch:* Wohin mit ihr.

GROSSKOPF Wo sie Gott weiß wäscht von den Sünden. Der Landwehrkanal!
Gardeschützen tragen Auguste fort. Zu Kragler:
Halt, Kamerad. Dein Typ wird verlangt. *Zeigt langsam auf das Eden-Hotel.* Rate, wen wir hier haben. Du kommst drauf.
Die Trommeln dröhnen.

KRAGLER *mit hoher trockener Stimme:* Jesus Christus! Eine Schweinekomödie! Ein Volksstück. Das Stück ist zuende.
Reißt die Kulisse ein.

GROSSKOPF Dein Stück fängt an, Kragler. Lauf an die Tür.
Kragler springt an die Hoteltür.
Glotz nicht so romantisch. DIE BLUTIGE ROSA. *Lacht kurz.*

KRAGLER *präsentiert das Gewehr:* Jawollja!
Während das Trommeln anhält, erscheint über der dunklen Stadt eine Laufschrift:
+ + + BERTOLT BRECHT DER ASPHALTZEIT SOHN DACHTE DAS SCHWARZE ENDE SCHON DIE BRÜDER WANDELND UNTERM LAMPION VERSCHARRT IN RUSSLAND: WAR DER LOHN † † † 卐 卐 卐

Kommentar 1 : Heimatkunde

es wäre ein gutes stück für die deutschen, in dem man zeigen könnte, wie einer an ihrem knechtsinn untergeht, dh ihn als führer zunächst willig akzeptiert, worauf er später an ihrer unselbständigkeit mit ihnen zugrunde geht. bauernkrieg.

Brecht, Kalifornien, 1943

Ein Dorf an der Wolga im Bürgerkrieg
Wurde belagert von zwei Heeren
Rot und weiß. Die roten Soldaten
Zogen ins Dorf und rissen
Aus seinen Händen das Land dem Kulaken
Das nasse vom Schweiß der Bauern
Und verteilten es unter sie
Jedem ein Streif.
Und sie warfen den Kulaken aufs Pferd und stachen es in die
    Seite
Daß er gegen die Steppe flog
Mann Frau Kind und traten vor die Bauern mit Worten:
Gebt acht auf den Schinder
Und bestimmten einen der ihren
Den Entschlossensten in ihrer Sache
Im Dorf zu bleiben wo die Gefahr bleibt
Das Wort zu führen für die Befreiten
Und nicht Befreiten
In der Gefahr.
Und auf dem Feld die Bauern bis es dunkel war
Hielten jeder ein Land
Und warfen sich nieder und wälzten sich auf ihrem
    Eigentum
Und die Soldaten vor der Schlacht
Nahmen das halbe Korn aus der Scheuer
Und zogen weiter im Rücken des Feinds.
Aber am Morgen stand der Kulak
Mann Frau Kind auf dem Feld, und die Bauern

Fragten alle den einen:
Was sollen wir tun mit ihm?
Und der Soldat befahl: Jagt den Schinder zu den Wölfen.
Und sie folgten der Weisung, doch der Geschundne
Hielt sich am Boden und schrie:
Erschlagt mich.
Und er hob das spitze Holz aus dem Acker
Auf seine Brust, und ihr Führer rief:
Halt. Kann ich es entscheiden.
Und sie sahn, wie sein Schweiß
Auf den Boden rann. Auch ich
Brauche Weisung. Selber
Wie soll ich kennen einer Sache Ausgang
Ohne Erfahrung vieler. Und sie wußten nun
Daß er ihresgleichen war oder nicht ganz ein andrer
Frei und unfrei selber der Sichere
Der ihr Wort führte
Herr und Knecht ihrer Sache. Wollt ihr
Handeln nicht ohne mein Wort
Noch weitergehn in dieser
Oder anderer Sache? Und sie hoben die Hand
Zum Zeichen, daß sie des Sinns waren
Seines Sinnes
Der ihresgleichen war und ihresgleichen nicht ganz
Und er ritt gegen die Stadt.
Und während sie warteten auf den einen
Die Hand noch erhoben, die sie nicht rührten
Zogen ins Dorf an der Wolga
Die weißen Soldaten, kampflos.
Und sahn unter dem Holz den Kulaken
Mann Frau Kind und traten vor die Bauern mit Worten:
Hebt auf den Geschundnen.
Und die Bauern, vor den Gewehren
Folgten der Weisung, und der Schinder befahl:
Gebt heraus, was ihr euch unter den Nagel gerissen habt.
Und vor den Gewehren wieder die Bauern

Gaben ihm jeder ein Land
Und er warf sie nieder zu alter Übung auf sein Eigentum
Und die Soldaten vor der Schlacht
Nahmen das andere Korn aus der Scheuer
Und zogen weiter im Rücken den Feind.
Aber am Abend sah der Genosse
Aus der Stadt zurück mit dem Urteil für den Schinder
Das Dorf, das ihn nicht sah, das Gesicht im Acker. Er
    sagte:
Was ist los, ihr Teufel.
Folgt ihr so meiner Weisung
Nicht zu handeln in eurer Sache ohne mein Wort
Und laßt sie euch aus den Händen nehmen?
Und die Bauern, Gesicht im Acker, erwiderten:
Wir haben deine Weisung befolgt
Und nicht gehandelt ohne dich
Aber auch seine Weisung
Und sie zeigten auf den Kulaken
Ist eine Weisung. Nicht der Erste
Bist du, der unser Wort führt, nämlich
Gewohnt sind wir das.
Und das Beste muß nicht das Letzte sein.
Leicht, sagte der Soldat, ist das Gewohnte, leichter
Das Nützliche tun. Erschlagt den Schinder.
Das ist die Weisung
Die ich bringe, euresgleichen
Oder nicht ganz ein andrer
Herr und Knecht eurer Sache.
Und sie hoben das spitze Holz aus dem Acker
Auf die Brust dem Geschundnen Mann Frau Kind
Bis sein Schrei endete. Und der Soldat
Riß aus den Händen das Land dem Toten
Das nasse vom Schweiß der Bauern
Und verteilte es unter sie
Jedem ein Streif
Und sie warfen sich nieder und wälzten sich auf ihrem

Eigentum.
Aber am Morgen vor der leeren Scheuer
Trommelten aus dem Schlaf die Bauern
Alle den einen und riefen:
Gut so. Wir folgen dir
Genosse Herr und Knecht unserer Sache, unsresgleichen
Oder ein andrer
Aber gestatte die Frage: was werden soll?
Die Scheuer ist leer, solln wir verrecken?
Und der Soldat aus dem Schlaf rief: Was fragt ihr mich?
Bin ich Jesus? Fresse ich Gras?
Wen sonst, sagten die Bauern, du wirst Gras fressen.
Gib uns die Weisung, Hund
Und sie warfen ihn aufs Pferd und stachen es in die Seite
Daß er gegen die Stadt flog.
Und während sie warteten auf den einen
Die Hand noch erhoben, die sie nicht rührten
Zogen ins Dorf an der Wolga
Die weißen Soldaten, am Strick den Genossen
Und schleiften ihn vor die Füße der Bauern mit Worten:
Hier ist eine blutige Fahne. Hißt sie.
Und die Bauern in einer Reihe reglos
Sahn auf den blutigen Körper
Ihresgleichen und der gleiche nicht ganz
Und die weißen Soldaten vor den Reglosen sagten:
Er ist euer Feind. Hängt ihn.
Und der rote Soldat vor den Reglosen sagte:
Sie sind eure Feinde. Erschlagt sie.
Und die Bauern hörten die doppelte Weisung
Der Soldaten rot und weiß
Und ihn hängen war leicht und verderblich
Ihren Führer
Und sie erschlagen war leicht und verderblich
Vor den Gewehren
Und doch die Weisungen beide
Das Gewohnte, das von der Hand ging

Aber zwei Weisungen waren eine zu viel.
Und der Blutige vor den Reglosen
Wenig Wissenden
Nämlich Befreiten und nicht Befreiten
Durch seine Arbeit
Weisung Befehl Dekret Direktive
Für ihre Sache und ihre Sache nicht ganz
Kannte sein Ende, gleich
Dem Ende des Schinders, von ihrer Hand ohne
    Unterschied.
Und er verließ ihre Sache, im Zorn
Über den Ausgang, den er verdient hatte
Und nicht verdient
Durch seine Arbeit. Er sagte:
Tut was ihr müßt, wie ihr es gewohnt seid.
Und er zeigte auf das blutige Feld
Wo ihr toter Feind lag Mann Frau Kind
Vor ihren lebenden Feinden, selber ihr Feind jetzt.
Und die Soldaten sahn den blutigen Toten
Zeigten auf seine zerbrochne Brust und sagten:
Ihr habt ihn erschlagen.
Und die Bauern wandten sich ab von dem Toten
Zeigten auf den Genossen und sagten:
Er gab die Weisung.
Und der Genosse neben dem Toten am Boden
Zeigte auf ihre Hände und sagte:
Ihr habt sein Land.
Und sie ließen das Land fallen Streif um Streif
Das nasse von ihrem Schweiß, und sagten:
Er hat es verteilt.
Und ihr Feind neben dem toten Feind
Vor den anderen Feinden sagte:
Ihr selber
Seid eure Feinde. Ihr verlaßt eure Sache.
Euch kann nicht geholfen werden
In eurer Haut, in der der Feind steckt

Mit Zähnen und Klauen. Selber ihr
Müßt erschlagen werden.
Und die weißen Soldaten hörten den Text
Des roten an die Erblaßten
Der das Letzte sagte, was zu sagen war
Und machten selber das Letzte
Liefen aufs Feld der Bauern und verbrannten es
Streif um Streif schwarz unter ihren Händen
Und ließen den Feind seinen Feinden
Und zogen weiter im Rücken den Feind.
Und die Bauern vor der leeren Scheuer
Und dem leeren Feld jetzt auch
Warfen den Blutigen auf die Asche, im Zorn
Über den Ausgang, den sie verdient hatten
Und nicht verdient
Und fragten einer den andern:
Was sollen wir tun mit ihm?
Und schlichen um den Reglosen bis es dunkel war
Und fanden das Wort nicht, die Weisung
Aber am Morgen verfuhren sie
Wie gewohnt und fragten den Führer
Der Einfachheit halber und Zweckmäßigkeit:
Was sollen wir tun mit dir?
Und der Reglose auf der Asche sagte:
Worum gehts denn? Wo brennt es? Wie kann ich euch
    dienen?
Und sie antworteten ihm: Eine Kleinigkeit.
Mit deinem Wort
Wissen wir weiter.
Und sie hoben das spitze Holz aus der Asche
Auf seine Brust, und ihr Führer rief:
Halt. Kann ich es entscheiden.
Und sie sahn, wie sein Schweiß
Auf den Boden rann. Auch ich
Brauche Weisung. Selber
Wie soll ich kennen meiner Sache Ausgang

Ohne Erfahrung vieler. Und sie wußten wieder
Daß er ihresgleichen war oder nicht ganz ein andrer
Frei und unfrei selber der Sichere
Der ihr Wort führte
Herr und Knecht ihrer Sache. Wollt ihr
Handeln nicht ohne mein Wort
Noch weitergehn in dieser
Oder anderer Sache. Und sie hoben die Hand
Zum Zeichen, daß sie des Sinns waren
Seines Sinnes
Der ihresgleichen war und ihresgleichen nicht ganz
Und er ritt gegen die Stadt.
Und während sie warteten auf den einen
Die Hand noch erhoben, die sie nicht rührten
Zogen ins Dorf an der Wolga
Die roten Soldaten, am Strick den Genossen
Und hielten auf dem verbrannten Feld, schweigend.
Und legten ihn vor die Füße der Bauern mit Worten:
Er bringt die Weisung
Und die Bauern lasen aus seinem Gesicht sein Urteil.
Ich selber
Bin mein Feind. Ich verließ eure Sache.
Mir kann nicht geholfen werden
In meiner Haut, in der der Feind steckt
Mit Zähnen und Klauen. Selber ich
Muß erschlagen werden.
Und er hob das spitze Holz aus der Asche
Auf seine Brust, und die Bauern riefen:
Halt. Ist es entschieden.
Und er sah, wie ihr Schweiß
Auf den Boden rann. Selber
Müssen wir kennen einer Sache Ausgang
Aus vieler Erfahrung. Wenig wissend
Aber nicht nichts
Nämlich befreit und nicht befreit
Durch aller Arbeit

Weisung Befehl Dekret Direktive
Für unsere Sache und unsere Sache nicht ganz
Wollen wir handeln nicht ohne Unterschied
Und eignes Urteil. Und sie nahmen
Den Geschundnen vom Boden
Der ihresgleichen war oder nicht ganz ein andrer
Den Schuldigen durch aller Schuld
Feindlichen in aller Feindschaft
Frei und Unfreien wie sie.
Und die roten Soldaten hörten den Text
Der Bauern an den Erblaßten
Die das Letzte sagten, was zu sagen war
Und ließen das Letzte
Sondern bestimmten den einen
Den Entschlossensten in ihrer Sache
Im Dorf zu bleiben wo die Gefahr bleibt
Das Wort zu nehmen wie die Befreiten
Und nicht Befreiten
In der Gefahr.
Und auf dem Feld die Bauern bis es dunkel war
Warfen sich nieder auf die Asche, ihr Eigentum
Und die Soldaten vor der Schlacht
Fanden kein Korn in der Scheuer
Und zogen weiter im Rücken des Feinds.

Bebel oder Das Neue Leben / muß anders werden. Eine Komödie

1

Schauspieler sitzt auf einem Stuhl, hält eine Handpuppe.

SCHAUSPIELER Ich bin die übergeordnete Leitung. Ich unterhalte
mich mit dem Werkleiter August Bebel vom VEB Undsoweiter. Ich sage nur: Planschulden. Er zeigt Wirkung. Er ist sehr
jung. Richtig, du hast vor, deine Meinung loszuwerden. Gut,
sag sie mir. Vielleicht nehm ich sie dir ab, wie. Eine Meinung
hab ich selber, wenn du das meinst, und sie ist nicht die beste.
Er sagt nichts. Er lernt seinen Text. Ich kritisiere ihn, für
unsere Fehler. Ein kritisierter Leiter ist ein besserer Leiter.
Die kritisierten Leiter retten meinen Stuhl. Ich sage: die
Nachtschicht, aber über Nacht. Das bewegt ihn. Er hat ein
bewegtes Leben, er hält nicht still. Er will sich nicht lieb Kind
machen. Der letzte Preuße. Ich stecke ihn in die Tasche.
*Schauspieler will aufstehn, kommt nicht los vom Stuhl. Zwei
Bühnenarbeiter tragen ihn mit dem Stuhl hinaus.*

2

Bebel. Eine Losung: ALLES FÜR DEN SOZIALISMUS.

BEBEL
Genosse Bebel, wie die Dinge liegen
Und Werkleiter, hat für das Werk entschieden
Das sich nicht lange fragte und er es nicht
Ob ihm die Nachtschicht in den Strich paßt oder.
Jetzt kann er sich vor Zustimmung nicht retten
Die auf ihn zukommt, während drei Schichten.
Hochzeitsgesellschaft.
Nein, das sind Trauergäste. Was wolln die.
BRÄUTIGAM
Gerechtigkeit für meine Frau, Kollege.

BEBEL

Geht man auf Arbeit so. In weißen Strümpfen.
Ein Haarnetz, was. Heißt das jetzt Arbeitsschutz.

BRAUT

Ich laß mein Brautkleid an, damit dus weißt
Und ich die Flitterwochen nicht vergesse.
Ich habe keinen Mann am Tag, und er hat
Nachts keine Frau, wenn ich zur Nachtschicht renne.

BEBEL

Herr, das ist Werkgelände, räumt das Feld.

BRÄUTIGAM

Er scheißt auf die Kritik von unten, Schatz.

BRAUT

Heut morgen, was denn, habt ihr uns getraut
Hier in der Firma, da durft er passieren.

BEBEL

Das ist passiert. Da war er nicht privat hier.

BRÄUTIGAM

Soll ich dir sagen, was privat ist. Nämlich
Die Nacht ist mein privater Sektor, den
Laß ich mir nicht enteignen vom Betrieb.

BEBEL

Muß ich den Werkschutz holen, Kamerad.

BRAUT

Du warst der Trauzeuge.

BEBEL

Jetzt bin ich Zeuge
Von unbefugtem Einbruch in das Werk.

BRÄUTIGAM

Mann, wer hier einbricht, das bist du, in meine
Ehe, ehe ich sie führe.

BEBEL

Was du führst
Sind große Reden. Aber bloß mit Reden
Tags oder nachts, machst du die Frau nicht an.

BRÄUTIGAM

Nachts, sagt er nachts, wann nachts, von zehn bis sechs
Macht sie ihr Ding an der Maschine, nachts.

BEBEL

Ja, das ist deine Hochzeit.

BRÄUTIGAM

                              Dein Beschluß.

BEBEL

Meiner und deiner, mach ich was ich will.
Oder was ihr wollt wie ich, wo leben wir.
Ich bin der Chef, ich mache was gesagt wird
Wer sagt was, ich? Hier sagt kein einziger was
Sondern alle sagens, lies die Zeitung
Die ich von mir gebe auf der Sitzung
Wo wir beschließen was beschlossen ist
In deinem Sinne, also red nicht sinnlos.

BRÄUTIGAM

Jetzt sage ich nichts mehr. In meiner Hose
Steht etwas, das in keiner Zeitung steht.
Jetzt gehn wir schlafen, in der Nacht, in jeder.
Komm.

BRAUT

      Gleich.

BRÄUTIGAM

            Dem werden wir es zeigen.

BRAUT

                                    Ja.

Ich diskutier das aus.
Gesellschaft ab. Braut heult.

BEBEL

                  Du diskutierst gut.
Was kann ich sagen auf dein Argument.
Lacht.
So reden wir aneinander vorbei.

BRAUT

Du hast gut lachen. Du kannst in die Federn

Zu deiner Frau, die in der Villa wartet.

BEBEL

Sie wartet, ja. Das könnte ich, und mach ichs.

BRAUT

Warum nicht, wenn dus darfst.

BEBEL

                              Wie kann ich es
Wenn du dir die Nacht um die Ohren schlägst
Freiwillig, und ich habe es beschlossen.

BRAUT

Ich hab beschlossen, was mein Mann sagt.

BEBEL

                                       Ja
Der redet klug, und ich laß ihn studieren.

BRAUT

Auch nicht freiwillig sondern delegiert
Und er kriegt das Diplom für die Normalschicht
In der Intelligenz, ich bin die Dumme.

BEBEL

Sag das nicht, Fräulein, bei deinem Bewußtsein.
Das dir aus deinen blauen Augen strahlt
Ist das gelogen.

BRAUT

                Wie.

BEBEL

               Dann ist es wahr.
Was, denkst du, treibt mich denn zu dem Beschluß.

BRAUT

Was, meine Augen.

BEBEL

               Und deine Figur
Die du in der Versammlung machst, Genossin
Und mich zwingt, mir ein Bein herauszureißen
Für den Fortschritt, den du in der Brust hast.

BRAUT

Jetzt ist es meine Brust.

BEBEL

                  Und deine Stimme
Allerdings, die du mir gibst zur Wahl
Und sagt: nu mach was.

BRAUT

                      Was hab ich gesagt.

BEBEL

Du oder nicht du, aber ich hör das
Denkst du, ich bin taub auf dem Ohr, das ich
An der Masse habe laut Statut
Ich hör das Gras wachsen in deinem Kopf
Sei mal still. Jetzt ist sies nicht gewesen
Mit ihren Wünschen an Partei und Staat
Wohnung und Krippenplatz und Sicherheit
Das neue Leben. Frieden in der Welt
Etcetera, die Initiativen
Von unten und die Auflagen von oben
Die Stricke, die mich zerren durchs Planjahr
Daß ich mir auf den Nerv geh, hangelnd von
Meldung zu Meldung eines Siegs. Den Ersten
Beißen die Hunde, wäre ich der Letzte
Der nichts zu melden hat und anzuhören
Von einer, die vergißt wie sie aussieht.

BRAUT

So seh ich aus?

BEBEL

            Gut gut, ich sehe weg.
Mit alln wird man nicht einig, mit sich selber
Der etwas will, und dir, die nichts will und
Die ich lieber rumkriegte als mich.
Man soll die Schicht nicht vor dem Morgen loben.

BRAUT

Begreif ich das, du redest wie dus kannst
Und kannst mir leidtun. Wir sind zu verschieden.
Du siehst nicht durch bei mir, du kannst auch hersehn.

Zieht das Brautkleid aus.
Soll ich dir zeigen, wozu die Nacht da ist.

3
Bebel vor dem Spiegel, legt einen Orden an.

BEBEL

Wer bist du. August Bebel Arbeiter
Und Leiter, auf der Stufenleiter.
Ein Vorgesetzter Unterdrücker Boß.
Aus dem Spiegel tritt ein Kapitalist.
Eine Leuteschinder Fronherr Krautjunker.
Aus dem Spiegel ein Fronherr.
Herr über Zeit und Leben Sklavenhalter.
Aus dem Spiegel ein Sklavenhalter.
Willkommen an den Hebeln, auf dem Posten
Auf den Kommandohöhn, der Ewige Chef.
Im Lichte in der Zeitung auf dem Stuhl.
MANN DER ARBEIT AUFGEWACHT
UND ERKENNE DEINE MACHT.
Reicht mir die Bruderhand, Kollegen, prost. Schmeckt euch
das Bier nicht. Radeberger spezial. Es kostet nichts. Von der
Feier *zeigt auf seinen Orden,* das Dreischichtsystem. Nehmt
Platz zur Leitungssitzung, auf der Tagesordnung das alte Lied
drei vier.
*Bebel, Kapitalist, Fronherr, Sklavenhalter singen, mißlich
schön:* BRÜDER, REICHT DIE HAND ZUM BUNDE. *Nach der dritten
Strophe wird Bebel von den Kumpanen zuboden gedrückt.*

KAPITALIST

Siehst du Gespenster. Sticht dich dein Gewissen
Wie, weil sie Nachtschicht schiebt in deiner Firma.
*Fronherr wiederholt haspelnd die Sätze, Sklavenhalter fällt
immer wieder vor Lachen um.*
Ne Schichtarbeiterin, was kratzt dich das.
Hast du die Welt gemacht, ja, und nach Vorschrift.

Du brauchst dich nicht bedanken für die Knochen
Der Zehntausend, die sie dir ausleihen
Für deinen Sieg: er steht im Plan, Genosse.
Wenn sie den Schlaf opfert, ist das dein Bier?
Hat sie dich eingewickelt, August Bebel
Du hast es mit den Frauen. DIE FRAU UND
DER SOZIALISMUS und der Leistungslohn.
Mußt du ihr jetzt die dritte Schicht versüßen
Mit deiner Liebe, zwischen den Maschinen.
Du Philantrop du Sozialist du Simpel.
Wie viele Frauen hast du unter dir
In deinen Akten. Breite sie aus, Genosse
Neben die eine, und dann steig darüber.
Bebel wirft die Akten in den Spiegel. Kehrfrau.

KEHRFRAU

Wie sehn Sie aus, Chef. Wie sieht es hier aus.
Fegt. Gespenster verschwinden.

BEBEL

Ja, wie. Den ganzen Tag Sitzung.

KEHRFRAU

                        Die Nacht.
Schnaps und der Rauch. Sie ruinieren sich.

BEBEL

Das geht Sie gar nichts an. Setzen Sie sich.

KEHRFRAU

Wollen Sie etwas.

BEBEL

              Nein. Was lachen Sie.

KEHRFRAU *putzt seinen Orden am Revers:* Orden wie diese da –
SOUFFLEUSE Edelsteine wie d i e s e da – *und so fort: der Kammer-
diener-Text,* KABALE UND LIEBE, II/1.

KEHRFRAU Orden wie diese da – ich habe auch zwei Töchter
darunter.

BEBEL Es wurde keiner gezwungen.

KEHRFRAU O nein – alles freiwillig. Es murrten zwar ein paar
vorlaute Dinger in der letzten Reihe und fragten, weshalb sie

den Fortschritt bezahlen sollten – aber der Parteisekretär bat, das Wort zu ergreifen am Pult, und ihre Köpfe tauchten schnell weg hinter den breiten Rücken, und die ganze Belegschaft rief:

BEBEL Juchhe, nach Amerika.

KEHRFRAU Aber nein. Einverstanden, riefen sie. Keine Diskussion. Und klatschten Beifall. Und dann zogen sie mit langen Gesichtern aus dem Saal, und die Männer hielten ihre blassen Frauen, und die Frauen hängten sich an ihre stummen Kinder vor dem schwarzen Brett, aber der Schichtplan riß sie auseinander, Früh, Spät oder Nacht, und sie standen wie Pappfiguren, und aus den Lautsprechern dröhnte Musik, damit ihr das Fluchen nicht hören mußtet.

BEBEL *legt den Orden verstohlen auf den Tisch:* Sie sind eine Type. Machen Sie weiter. *Fegt.* So schlimm wird es nicht werden.

KEHRFRAU Beileibe nicht. Es geht vorwärts – wenn wir hinten sind, ist hinten vorn. Jeder kann machen was er soll. Zur Rente sehn wir uns wieder.

BEBEL Schluß. Sie sollen Ihre Töchter haben. Ich lasse sie in die Tagschicht nehmen.

KEHRFRAU Lassen Sie – oder lassen Sies. Wir leben nicht im Feudalismus. So schöne Lösungen sind nicht mehr erlaubt. S o v i e l Bewußtsein haben wir. *Fegt, pfeift:* DAS NEUE LEBEN MUSS ANDERS WERDEN, *ab.*

BEBEL Allerdings. *Wischt sich den Schweiß ab.*

4
Sauna. Braut. Bebeln herein, setzt sich neben sie.

BEBELN Was starren Sie mich so an?

BRAUT Sie sind Frau Bebel, nichtwahr. Ich bin Lisa.
Nimmt das Handtuch um. Sie mustern sich.
Es ist sehr heiß hier.

BEBELN Gerade richtig.

Schweigen.

Mein Mann liebt sie. Er hat es mir gesagt. Ich weiß, was Sie sagen wollen – was soll ich denn tun. Ich weiß, wer ich bin. Ich werd dabei nicht kleiner.

BRAUT Ich liebe ihn nicht.

Schweigen.

BEBELN Er liebt sie. Das ist der Fakt. *Schluckt.* Ich muß Ihnen dankbar sein.

BRAUT Wie?

BEBELN Endlich denkt er einmal an sich. Und macht, was ihm gefällt. Weil ihm so ist. Ich dachte, er schafft es nicht mehr.

BRAUT Hören Sie auf –

BEBELN Meine Schuld, er nahm mich viel zu ernst. Ich hab ihn eingeschüchtert. Ich war kindisch, eine dumme Gans. Jetzt ist er wie verwandelt, Lisa, er –

BRAUT Sagen Sie nichts mehr.

BEBELN Man wird menschlicher, wenn man auch an sich denkt. Fröhlicher, schon sein Gesicht – Wenn man sich selbst nachgibt. Und was man tut, mit allen Fasern will. Freier und menschlicher, und auch zu den andern, man lebt erst dann mit den anderen.

BRAUT Hören Sie – schweigen Sie!

BEBELN Daß ihm das passiert! *Lacht.* Man lebt nur einmal. Für die Sache, für die vielen Sachen, wie. Jetzt würde er unter Brücken schlafen. Auf dem Pflaster. Er kommt mal los, von dem Betrieb – Er kommt einmal in Konflikt. Jetzt geht es ihm ans Fell, im Betrieb. Jetzt muß er das durchstehn.

Braut sieht sie voll an.

Das ist doch gut für ihn. Er wird noch besser. Wunderbar für ihn.

BRAUT Sie lieben ihn.

BEBELN Ist Ihnen schlecht. Kommen Sie. Sie sind zu lang herin. Sie sind nicht rausgegangen. *Hebt die Braut auf.*

5

Leitung. Bebel. Braut.

LEITUNG

Jetzt wollen wir was hören, August Bebel.
Bebel schweigt.
Gesehen haben wir genug.

Im Dunkeln.
In der Halle.

Als wärst du verheiratet mit ihr.
Der Halle. Die du demoralisierst.
Der Frau.

Der Halle. Die deine Entlassung
Fordert und ihre.

Oder du entläßt sie.
Die Frau oder der Sozialismus, Bebel.
Die Frage ist dir neu.

BEBEL

Das kann man sagen.

BRAUT

Ich werde nicht gefragt?

LEITUNG

Das wird sich finden.
Wenn er es dir nicht abnimmt, als der Leiter.
Als die Ver-Führungskraft.

Ihm fehlt ein Vordruck.
Jetzt muß das Herz mitsprechen in der Sache.
Auf die Losung:
Er kann selber lesen.

Alles oder nichts
Wollen wir knobeln, Chef. Du bist noch vorn.

BEBEL

Liebe . . . Kollegin, hol dir die Papiere.
Braut starrt Bebel an.

LEITUNG

Jetzt hat er sich gefangen. Bravo, Bebel.

BRAUT *leise:*

Is gut.

BEBEL

      Lisa –

BRAUT

             Das muß ja sein, nichtwahr.

Arbeit gibts immer. Da sind wir fein heraus.

Lässig:

Ich hab noch einen, und der ist mein Mann.

Besonders, wenn ich nicht zur Nachtschicht lauf.

Den Menschen gibt es oft. Ich geh nicht drauf.

Ab.

LEITUNG

Die ist er los.

             Der schneidet sich ein Bein ab

Für das Werk.

          Er hat den Weg im Kopf.

BEBEL

Mich seid ihr auch los.

Will ab.

LEITUNG

           Halt. In dieser Haltung?

Die du gezeigt hast, bist du hier gebunden.

In dir hat man den Kader jetzt gefunden.

*Leitung ab. Bebel allein: in einer Eislandschaft. Wirft sich hin,
wühlt sich in den Schnee. Hinten Kapitalist, Fronherr, Sklavenhalter auf Schlittschuhen.*

KAPITALIST

Bebel, der neue Mensch, die Arbeitskraft

Des Staats.

SKLAVENHALTER

        Der Sklave der Behörde, die ihn

Im Plan hält.

FRONHERR

        Und der Knecht der Frauen.

Verschwinden, mit der flatternden Losung. Ein Skiläufer hält vor Bebel, stellt die Stöcke in den Schnee.

SKILÄUFER

Ich gratuliere dir. Du wirst befördert.

Kehrfrau, schippt Schnee.

Genossen A Punkt B Punkt.

Brief.

BEBEL

Bin ich das.

Das Ministerium. Berlin.

SKILÄUFER

Moment.

Pistole.

Quittiere bitte. Für den Dienstgebrauch.

Bebel betrachtet die Waffe, setzt sie ans Herz, schiebt sie unter die Achsel.

Na, Waidmanns Heil, Genosse.

BEBEL

Ja, Sport frei.

SKILÄUFER *fährt in eine schräge Versenkung:*

Wir sehn uns wieder, oben. Wie dem sei.

Bebel schlittert ihm nach, Kehrfrau schippt ihn von der Bühne. Es wird der Marsch geblasen DAS NEUE LEBEN MUSS ANDERS WERDEN.

Zweiter Teil

Hans im Glück

Auftritt Godot

Ein Beckett-Bäumchen. Zwei Hippies am Boden, vermutlich Estragon und Wladimir. (Es ist natürlich nicht erwiesen, daß sie es sind.) Godot gelangt auf Eindruck schindende Art auf die Bühne. Obwohl er eine Maske trägt, ist auch seine Identität nicht gänzlich gesichert.

G Guten Tag.
E und W rühren sich nicht.
Guten Tag!
E kratzt sich affenartig, liegt wieder still. G lächelt, dann großartig:
Meine Lieben, gestatten Sie –
W schlägt nach einer Fliege. G sieht amüsiert zu.
gestatten Sie –
E beginnt, Gras auszureißen, stopft es unters Hemd.
Wissen Sie, wer ich bin? Ahnen Sie nichts? Ich bin da! Ich bin gekommen.

W *knöpft die Hose zu und wieder auf, ohne Blick zu G:* Nu quatsch dir aus, Vater.

G *irritiert:* Erwarten Sie niemand? *Listig:* Sie warten doch hier, haha. Ertappt! Sie befinden sich eine Ewigkeit, gewiß aber seit jenem denkwürdigen Abend des Théâtre Babylone im Jahre 1952, bei diesem, nun, Baum und warten.

E *sieht das Bäumchen an, sein Gesicht hellt sich auf:* Es ist was im Anzug.

G *streng:* Und warten auf –

W Wir warten auf nichts.

E Tatsächlich. Ein Blatt. Das übersteigt alle Erwartung. *Schnalzt:* Ein kleines grünes Blatt. *Nähert sich zärtlich dem Bäumchen, spitzt die Lippen.*

w Warte damit, Gogo.

e Du weißt, daß ich nicht warten kann.

w Wir hatten solang keins. Bis ich mich sattgesehn habe.

e Satt g e s e h n.

g *empört:* Ich bin Godot.

e Aber zum Frühstück, ja?

w Gut gut, wenn du nie warten kannst.

g *nachsichtig:* Erkennen Sie mich.

w *steht unbeteiligt auf, lacht, nickt, abfällig:* Kaum. *Läuft schwankend an G vorbei zur linken Kulisse, wühlt mit spitzen Zehen im Dreck.*

g *laut und fröhlich:* Aha, Sie glauben mir nicht. Verständlich. Nur zu verständlich. Ich bin gekommen. Damit war nicht zu rechnen. Lenken Sie Ihren leuchtenden Blick hierher, meine Freunde.

E schaut zu dem Blatt. W geht zur rechten Kulisse und setzt seine Suche fort.

Hier, diese Maske, das ist der echte Godot. Ihr Erlöser! Die Rettung. Ich nenne Jesus, Che Guevara, Jimi Hendrix, Buddha, na und so weiter. Wie Sie wollen. Die Züge der Zeit!

w Da ist das Luder ja. *Zieht eine schlappe Frauenpuppe hervor, bläst sie ein wenig auf.*

g Oh, sagen Sie nichts?

E grinst mit grünen Zähnen.

w Er spricht nicht mit jedem.

g Man traut mir nicht.

w Man hat den Glauben verloren.

e *zu W:* Wir glauben keinem Schwein.

w Trau keinem über Dreißig.

g Was ist das für ein Text? Wladimir! Wo steht das? Das streichen wir sofort.

w Bitte, bitte. Man muß keine Worte machen.

g *würdig:* Taten. Meine Herrn, was wollen wir jetzt machen?

w *setzt sich ausführlich, die Frau im Schoß:* Nichts.

g Das heißt, wir warten noch?

w *gnädig:* Nein.

G Aber worauf warten Sie dann?

w Auf nichts mehr.

G starrt die beiden mit vorgerecktem Kopf an, fährt vor ihrem Gestank zurück. E kratzt sich behende. W bläst die Frau weiter auf.

Na, Puppe. Stramme Person.

G *fängt sich, holt Würfelzucker aus dem Rock:* Da, die Hungerjahre sind über die Rampe. Genug gebettelt, Estragon, alter Hund. Ihr müßt weiter im Text.

w Nahrung? *Schüttelt den Kopf. Auf E:* Er? Nur Grünes.

E grinst wieder mit seinen grasigen Zähnen.

G Heißt das, Sie nehmen nichts zu sich, sagen wir Wurst Eier Senf Marmelade Chateau briand?

w Konsum, wie. *Es würgt ihn.* Café Kranzler.

G *von den Socken:* Sie verweigern quasi die Aufnahme von Lebensmitteln?

w Lebensmittel! *Kugelt sich in seiner Mulde.*

G Sie vermögen sich kaum annähernd auf den Hinterbeinen zu halten. Sie sind ja durchscheinend. Bloß noch Papier.

w Bedrucktes.

G *verschüchtert:* Was machen wir jetzt.

E Wir machen nicht mit.

w Ohne uns.

E Hände weg von Korea.

w Make love, not ware.

G wird zusehends nervöser, rückt nicht selten an seinem Hut – einer Melone, versteht sich –, nimmt ihn ab, spuckt hinein, schlägt darauf, auch scheinen ihn seine Schuhe zu drücken, er wechselt irgendwann verstohlen den linken und rechten, ohne die Hände zu gebrauchen usw.

E *gähnend:* Was hat der alte Knatterkopp.

w Der tut, als hätten wir auf ihn gewartet.

E Na und, auf mich warten sie auch.

w Was lange währt, verjährt.

E Aber ich geh nicht mehr da hin. In die Tretmühle. Hab ich

recht, Didi?

w *lacht:* In das Philosophische Institut.

e In die Endmontage.

w Zu die Strukturalisten.

e Laß sie warten!

w Bis sie schwarz werden!

g Gut denn, ich werde ohne Sie beginnen.

e *froh:* Jetzt ist es soweit!

g Oder haben Sie es überlegt?

e Jetzt darf ich, Didi. *Nähert sich dem Bäumchen.* Hast du es angesehn?

w Die reine Natur.

e Frühstückszeit. *Bricht das Blatt ab.* Das tut weh.

w Nimm es, nimm es, Gogo.

e *entschuldigend:* Es ist grün. *Hockt sich unter das Bäumchen, frißt das Blatt, singt mit vollem Mund:* Letzte Rose –

w Bevor der Atommüll reinen Tisch macht. Die Entsorgung. *Lacht.* E n t s o r g u n g .

g Das ist kein Dialog. Seid ihr Hippies?! Ich schreite ohne Sie ans Werk!

w Ans Aufbauwerk.

e Ans Werk der Befreiung.

w Ans Atomkraftwerk.

g *mit rotem Kopf:* Wenn Sie mich warten lassen!

w Worauf denn.

g Das frage ich S i e .

e Alles Asche.

G schweigt zerknirscht. E kratzt sich wieder, findet Gras im Hemd, stopft es in die Hose. W bläst die Frau noch größer.

w Wo hast du es heute nacht gemacht?
E kichert.
Sag mirs doch.
E ziert sich.
Bei einem Politiker? Bei einem Verleger? Bei einer Frauengruppe?
E lächelt geschmeichelt.

Die Dresdner Bank. Bei Renault auf das Band. Warst du
überhaupt?

E Na hör mal.

W Du solltest mir mehr anvertraun.

E Es gibt Dinge zwischen Himmel und Erden – über die man
nicht spricht, Didi.

W Sag mir nur eins: dick oder dünn?

E *verschmitzt:* Ffft!

W Schön! Das grüne Gras.

E Nach dem Regen. *Träumerisch:* Ein Schlag ins Kontor.

G *wehleidig:* Ich stehe noch immer hier. Das ist mein Auftritt.
Was sind das für Zeiten.

W Sire, geben Sie Narrenfreiheit.

G Sie liegen wie die ungewaschnen Idioten in den Parkanlagen,
bis die Wasserwerfer kommen. Im Luxembourg. Im Garten
der Villa Borghese.

E Und was hast du gekonnt?

W *spielt lustlos mit der Frau:* So lala.

E Scheiße.

W Sie war müde.

G *spöttisch:* Gehn Sie nie unter Leute?

E Scheiße, Scheiße.

W *hechtet auf die Frau:* Luder!

G *springt zurück:* Was fällt Ihnen ein. Nihilist.

W Warum fragen Sie nicht: Worauf warten Sie noch?

G Man darf nicht aufgeben. Nicht den Mut herabsinken lassen.
Man muß etwas tun. Wir werden –

W *gleichgültig:* Woran dachten Sie so?

G *zögert:* An die Zukunft. An das Leben.

W Enttäuschend.

E Wie zu erwarten war.

W Seit Menschengedenken.

E Hau ihm in die Fresse.

G Ja, was erwarten Sie denn!
W sieht ihm ruhig ins Auge, stimuliert die Frau.
Ach: nichts. Darüber wird man sich einigen.

w Worüber?

G *große Geste:* Vorausgesetzt, daß das Ziel bei der Orientierung auf die Perspektive infolge des Klimas in Übereinstimmung mit der notwendigen Möglichkeit der untergebutterten Interessen unter Beibehaltung des Kräfteverhältnisses in der Welt – in der Welt – *setzt neu an:* in Absprache mit der ansprechbaren mit der aussprechbaren mit der ansprechbaren Ebene – nach Maßgabe der beschlossenen Gewohnheiten –

w Gewiß.

G Und dann – voran.

w Voran?

G Nun – vorwärts.

w Zu neuen Erfolgen.

E Vorwärts zum Sieg.

w Vorwärts marsch!

G Was weiß ich!

E Alles Asche.

G Woher soll i c h es wissen? Ohne Sie!

E *zieht Gras aus der Hose, frißt:* Ich hab die Schnauze voll.

w *zu G:* Künstlerpech.
   G zieht die Schuhe endgültig aus, stellt sie an die Rampe, läuft gepeinigt auf und ab.

E Wo mach ich es heute?

w Am besten: ein öffentlicher Ort.

E *unwillig:* Ein Örtchen?

w Im Wembley-Stadion. Im Deutschen Theater.
   E steht auf.
   Daß du nie warten kannst!

G *klappt zusammen. Starr:* Ja, wenn Sie nicht warten – Ich schmeiße die Rolle hin. *Schluchzt stumm.*

E *schaut zum erstenmal zu G:* Sieh mal, wo ist denn der Knülch.

G *ernst:* Didi, Gogo, ich lüfte das Geheimnis. Ich bin nicht Godot. Vielleicht wäre ich Godot – Aber ich bin nicht Godot. *Nimmt die Maske ab. Lacht:* No comment.

w Na und.

B *gerührt:* Ich habe Sie erfunden. Im Théâtre Babylone –

w Uns nicht.

E Wir sind ihm entglitten.

w Ausgeflippt.

E Im Odéon, 68, im Mai.

w Zu lang gewartet, Sire.

E Tendenzwende, wie.

B *amüsiert:* Man hat mir heut nacht vor die Tür geschissen.

w *legt die Frau ins Gras:* Sie tuts noch mal.

E Ah, verzeihen Sie.

B Bitte?

E Wer hat Sie denn erwartet!

B Wie ich aus dem Souterrain trete, um frische Luft zu schnappen –

w *legt ihm die Hand aufs Gesicht:* Das interessiert doch keinen, Opa.

E Ich halt es nicht mehr aus! *Hockt sich an die Rampe.*

w Ich schenke sie dir. *Stößt die Frau weg.* Nun mach schon.

B Was, hier?

w Es ist ihr gleich.

B Ich geniere mich.

w Vor wem denn.

B sieht übers Publikum. W legt ihn auf die Frau.

Keine falsche Bescheidenheit, mein Lieber. Blas dich nicht auf.

E Ah!

Scheißt ins Theater. Rufe des Unmuts aus dem Parkett.

w Beweg dich, Autor. Mach ein Stück.

Die Puppe zerplatzt.

B Verdammt.

w *bös:* Was erwartest du denn!

B Nichts. Nichts.

Unter Protesten fällt der Vorhang.

Ulrike Kragler

1
Kragler, Anna, Tochter Ulrike am gedeckten Tisch.

KRAGLER

    Komm, Herrjesus, sei unser Gast
    Und segne, was du mir bescheret hast.
    Kind, stell den Kasten an: die Tagesschau
    Film, Totalvision: Bomben auf Vietnam.
    Die Leber schmeckt vorzüglich, Frau.
    Ja das ist furchtbar, sag ich, dieser Krieg.
    Wann feiert die Vernunft den Sieg.
    Der Mensch muß sich aus dem Tier erheben
    Das lehrt uns einmal, in der Eintracht leben.
    Ulrike erbricht sich.

ANNA

    Wie sitzt du da, Ulrike. Ißt du nicht.

KRAGLER

    Mir bleibts im Hals, seh ich der ihr Gesicht.
    Ulrike steht auf. Kragler hält sie.
    Hier bleibst du, wenn die Familie speist
    Ordnung muß sein.

ANNA

                Es gibt noch Himbeereis.

KRAGLER

    Sei froh, daß dir der liebe Tag gehört.
    Kind, die Familie ist ein echter Wert
    Und du kannst lernen für dein Ziel
    Die Welt zu ändern ganz zivil.

ULRIKE

    Ich geh kaputt.

KRAGLER

          Das ist ihr ganzer Text
    Während ihr der Wohlstand ins Maul wächst.

Frau, ich gebs auf. Die kriegen wir nicht hin.
Ein guter Mensch fühlt seines Lebens Sinn.
Drückt Ulrikes Gesicht in die Torte.

ANNA

Was fehlt dir denn. Hast du nicht Luft genug
Kraglers Tochter. Wann wirst du einmal klug.
Schleckt ihr das Gesicht ab.

KRAGLER

Ich kenn das Ding. Der Flasche fehlt der Kork
Nämlich der Mann, gell, der es ihr besorgt.

ANNA

Wofür du selig bist in deinen Wänden
Und bist der schlechten Welt aus den Händen.
Ulrike nimmt Kraglers Dienst-MP. Kragler und Anna an die Wand.

KRAGLER

Was hast du vor.

ULRIKE

Ich hab es hinter mir.

ANNA

Umhimmelswilln, es ist frisch tapeziert.

ULRIKE

Ich geh zum Film. Dank für das Requisit
Ich laß euch die Kulisse. Spielt ihr mit.
Schuß: Film aus. Kragler und Anna zuboden. Pause. Die Toten allein, kriechen zum Tisch.

ANNA

Jetzt ist Schluß mit der Politik beim Essen.

KRAGLER

Ich werde ihre Leber fressen.

2

Fünf oder sechs hochschwangere Frauen, mit verbundnen Augen,
schwirren nach und nach auf die Bühne, schnattern wie Gänse.
Dröhnende Flugzeuge.

FRAUEN

Habt ihr gehört: die Terroristen.
Ah den muß man den Stall ausmisten.
Auch Fraun dabei. Den soll man ihren
Schoß ausreißen. Alle Mann kastrieren.
Die wollen die Welt ändern. Den gehts zu gut.
Die haben Wut.
Die machen Bomben, wir machen ein Kind.
Jetzt könnt ihr raten, wer gewinnt
Lachen.
Kind ist Waffe, leg es an
Und besiegt hast du deinen Mann.
Uns kann man nichts am Zeug flicken.
Uns muß man drücken.
Die Terroristen kann man totschlagen
Uns kann man auf Händen tragen.
Lachen.
Wir tun uns verdoppeln, die tun verschwinden.
Die tun sich die Augen zubinden.
Die wollen die Welt ändern. Die gehn drauf.
Dann gehen ihnen die Augen auf.
Man kann nicht aus seiner Haut.
Man sieht zu, bis der Himmel blaut.
Lachen. Es regnet Asche: Haut und weiße Kleider werden
schwarz.

3

Auf der dunklen Bühne eine grell erleuchtete Isolierzelle. Ulrike: stillvergnügt. Lange Pause.

ULRIKE

Das ist der Raum, den sie noch hat
Leer. Auch keine Bettstatt.
Die Wände weiß, wie abgeleckt
Zum Hinsehen kein Fleck.
Zum Hören kein Laut, der Stein
Läßt kein Sterbenswort herein.
Das Essen schmeckt nach nichts
Ein Gericht nach Art des Gerichts.
Nicht Tag und Nacht, Himmel und Meer.
Jetzt ist die Welt leer
Von Bullen und Bossen.
Freudentanz.
Jetzt steht sie vor dem Nichts, Genossen.
Jetzt hat sie noch sich: das ist zu viel
Der Überfluß. Jetzt hat ihr Gefühl
Nicht Platz in dem engen Kleid.
Jetzt denkt sie weit.
Das hält einer nicht aus allein
So viel Glück kann sein.
Sie reißt das Starkstromkabel raus
Und löscht sich aus.
Dunkel.

Kommentar 2: Hans im Glück

Großmutter, in Bloch-Maske, fährt im Rollstuhl auf die Bühne, spricht schnell, schlägt dabei zweidreimal mit dem Stock auf den Boden.

GROSSMUTTER Goldklumpen. Zuerst der Goldklumpen. Schwerer Klumpen. Groß wie sein Kopf, er setzte ihn auf die Schulter. Elender Klumpen. Was ist das Reiten ein schön Ding. Klumpen gegen Roß. Schönes Roß, hohes Roß. Mit der Zunge schnalzen hopp hopp, eh er sichs versah im Graben. Er suchte seine Glieder zusammen. Da lob ich mir die Kuh Milch Butter. Roß gegen Kuh, ist er dumm! Klumpen Roß Kuh mit tausend Freuden. Dem Ding ist zu helfen, jetzt will ich meine Kuh melken. Maul ans Euter, Schlag vor den Latz. Kuh gegen Schwein. Was heißt Wert, junges Schwein, das schmeckt. Das ist es mir wert. Wie doch alles nach Wunsch geht. Schwein gegen Gans. Klumpen Roß Kuh Schwein Gans, wer hineinbeißt, muß sich das Fett von beiden Seiten abwischen. Endlich die schönen Federn, darauf will ich wohl ungewiegt einschlafen. Was brauch ich, als was ich brauch. Schwein muß man haben. Gans gegen Wetzstein, Schwein gehabt. Das andre findet sich schon von selbst. Er ist dumm, er ist frei. Nun, sprach der Schleifer, und hob einen gewöhnlichen schweren Feldstein auf. Klumpen. Goldklumpen Steinklumpen. Alles was ich wünsche trifft mir ein. Elender Klumpen. Er konnte sich des Gedankens nicht erwehren, wie gut es wäre, wenn er ihn gerade jetzt nicht zu tragen brauchte. Stein in den Brunnen. Gold Roß Kuh Schwein Gans Stein in den Brunnen. Unter Wasser. Es war einmal. Nein: es wird einmal sein. Er sprang vor Freuden auf. Alles hinab. Ohne daß er sich einen Vorwurf zu machen brauchte. Los und ledig. Frei von aller Last. So glücklich wie ich gibt es keinen Menschen unter der Sonne. *Schlägt noch einmal mit dem Stock auf.*

Die Enkel fechtens besser aus oder Der diskrete Charme der Arbeiterklasse

Fabrik/Schlafzimmer. Bebel: der Sohn.

BEBEL Ich bin August Bebel. Ich stehe an meiner Maschine acht
Stunden und sage mir, daß diese Arbeit gemacht werden muß,
und lasse die Maschine auf Touren laufen und höre meine
Stimme nicht. Das macht nichts, ich hab mir nichts zu sagen.
Acht Stunden Leistung, ich schalte die Kiste an und den Kopf
ab. Ich werde prämiert dafür.
Bebel: der Vater.
Da kommt mein Erzeuger August Bebel, wir heißen alle
August seit 1840, und besichtigt seinen verlorenen Sohn. Er
findet was an mir, ein langes Haar. Sehn Sie, wie er schreit:
lautlos, er ist etabliert. Spring aus dem Anzug, Alter, ich bin
Arbeiter. Du warst der falsche Stammbaum für den Nach-
wuchs, ein Studierter: du hast zu schnell gelernt, ich bin der
Dumme. Über die Trümmer auf den grünen Zweig, WO DEIN
PLATZ, GENOSSE, IST, und wo ist meiner. Du bist aus dem
Schneider, oder Schlosser, ich bin drin, die Rache deiner
Klasse. »Der Junge ist eine Strafe.« Aber ich werde nicht wie
du. Ich mache nichts aus mir, ich denk an meine Kinder, DIE
ENKEL FECHTENS BESSER AUS, die Enkel immer. Jede zweite
Generation ist verloren. Ich habs begriffen, Mensch, ich lerne
Dreher. Die Beschlüsse sind gefaßt, die Wahrheit festgelegt,
mir wachsen die Haare. Das Rad der Geschichte, einer muß es
drehen. Dreh nicht durch, mein Junge, dreh das Rad. Die
Tretmühle VEB EMSIGER HAMMER. Hier kann ich Rost ansetzen
in der Rübe. Hier bin ich gefragt, frag mich nicht was. Soll ich
anstehn für den Job, die Welt zu ändern. Mach meine Arbeit
oder halt die Fresse. Willst du wissen, wie der Hase läuft.
*Zieht den Vater in die Maschine, die krachend anhält. Ambu-
lanz mit Sirene. Vater blutig.*
Ich hab den Alten durch die Maschine gejagt, damit er einen
bleibenden Eindruck gewinnt von der materiellen Produktion.

Es hat ihm nichts getan, er ist ungebrochen. Ich konnte ihm nicht helfen. Er steigt weiter bis zum Generaldirektor.

Ambulanz mit dem Vater ab.

Mir passiert nichts. Ich bin Arbeiter und kann mich bewähren. Lebenslänglich. Ich kann weiterschrubben. Ich exiliere in meine Laube.

Rosi.

Auftritt Rosi, meine Süße. Die Liebe: das einzige Ressort, in dem wir selbst entscheiden. Da kann ich tun, was mir im Traume einfällt. Ich wähle dich, das schreibt mir keine Liste vor. Die Frau mein Ausland, die Ehe mein Gegenplan. Der Weg nach oben ist nicht, bleibt der Weg nach innen.

Umarmung.

Ich schenke ihr zur Hochzeit DIE FRAU UND DER SOZIALISMUS, von August Bebel. Ich denk mir nichts, ein Erbstück aus dem Hängeboden. Sie liest es: im Bett, das ist es ihr wert. Bald kommt sie später heim, Begründung: Lehrgang. Sie abboniert das Zentralorgan. Im Oktober tanzt sie als Aktivist an, am Busen die Brosche, ich kann Blumen kaufen. Sie beginnt mir Vorträge zu halten, hören Sie wie fix, Marxengels kanns nicht besser. Ich komme nicht zu Wort mit meinem Antrag nachts. Die Themen wechseln, sie studiert jetzt fern. Das macht sie alles liebend gerne, nur kein Kind: ich werde nicht gefragt. Sie hat das Sagen, sie ist eine Frau. Madame entpuppt sich, sie wird Staatsanwalt. Jetzt hab ich die Ordnung im Bett, das Privatleben der Paragrafen. DIE LIEBE, DIE LIEBE IST EINE Staatsmacht. Ich bin gefangen, in ihren Armen, ein Häftling im Pyjama. Ich kann sie so nicht ansehn, weiß ich wer sie ist. Ich überfalle sie am Küchentisch und nehme sie aus der Wäsche.

Zieht Rosi den Talar aus. Sie schimpft.

Sie spricht mit mir im Namen des Gesetzes. Aber ich will ein schwerer Fall sein, ein interessanter Fall. Ich muß kriminell werden, vorsätzlich, und den Tatbestand erfüllen.

Vermummt sich. Rosi heult.

Ich mache nicht viel mildernde Umstände. Ich breche in das eigne Haus ein, schleppe sie in das Ehebett und mißbrauche sie. Stellen Sie sich das vor.

Rosi schreit.

Ende der Vorstellung. Ich verkehre mit dir nur noch als Gewaltverbrecher: sage ich, gesagt getan. Beim dritten Mal spielt sie verrückt, jetzt läuft sie zum Psychiater. Ich werde eingelocht, von ihren treuen Bullen. Die Macht . . . der Liebe. Das Kind hat sie im Leib, von dem ich sprach: den Enkel. Geschlagen ziehen wir nachhaus.

Wird abgeführt. Rosi sieht ihren dicken Bauch.

Dritter Teil
Befreiung

Trümmerkrater, gefüllt mit Toten. Zwei Greise graben sich heraus: Bebel und Kragler.

KRAGLER
Der Krieg ist aus. Ich lebe, Kamerad.

BEBEL
Ich frag: wozu. Um mich war es nicht schad.

KRAGLER *erkennt ihn:*
Der rote Bebel.

BEBEL
                Kragler, der Faschist.

KRAGLER
Machst du das Maul auf nach so langer Frist.
Und Dreiunddreißig gingst du in der Reihe.

BEBEL
Das ist es, Kamerad, warum ich speie.
WECHSLE DIE FAHNE, SONST HÄNGST DU AM MAST.

KRAGLER
Das sagte ich, und es war nicht gespaßt.
JEDER MANN IST DER BESTE IN SEINER HAUT.

BEBEL
Dacht ich. Ich seh, Nazi, was ich gebaut.

KRAGLER
Nimm deine Knochen in die Hand, und fort.

BEBEL
Wohin von mir. Ich bin an jedem Ort.

KRAGLER
Ich nehm Zivil, der Tote braucht es nicht.

BEBEL
Kannst du wechseln dein altes Gesicht.

KRAGLER
So gut wie du. Ich werde Rot auflegen.

BEBEL

Ich werd es wissen und hab was dagegen.

KRAGLER

Wird man dir glauben, dem Verräter.

BEBEL

                                        Nein.

Drum schlag ich dir zuvor die Fresse ein.

KRAGLER *wischt sich das Gesicht:*

Da ist das Rot, Genosse. Meine Wunden
Da sieht der Feind, wie mich der Freund geschunden.
Ich dank dir für den neuen Lebenslauf.
Bring deinen jetzt zuende, häng dich auf.
Gibt ihm einen Strick, ab.

BEBEL

Und August Bebel, des Genossen Sohn
Zahlt sich in letzter Stunde seinen Lohn.
Hängt sich an eine Laterne. Die Toten richten sich auf.
Das Sterben hab ich nicht gelernt, was glotzt ihr.
Das Leben auch nicht, feige daran hängend.
Und untrainiert der Abstieg in die Grube
Den Schrecken schmeckend als die letzte Weisheit.
ACH DU LIEBER AUGUST ALLES IST HIN.
Es wird nicht heller, wenn ich oben hänge.
Was wiehert ihr aus euerm deutschen Friedhof
Vor dem Idioten, der sich selber abseilt
Ins Schwarze. Selbermörder seid ihr alle
Im Leben, roh blutig ungewollt
Das uns den Atem nimmt in seiner Schlinge.
Schlaft, ihr Gespenster, wenn ihr ruhen könnt
In der Unruhe eures faulen Tods.
Ich wähl mir meinen selber von der Stange
Nach dem Ausverkauf, und weiß was ich tue.
Lichtwechsel.
Jetzt ists vorbei. Ich bin aus meiner Haut
Und mein Gepäck endlich ist mir vom Buckel.
Jetzt kann ich gehn wohin ich will, Genossen

Auf der Linie und auf der Straße
DEM MORGENROT ENTGEGEN SEIT AN SEIT.
Die Toten begrüßen ihn. Sklavenhalter, Fronherr, Kapitalist
schauen auf den Trümmern zu.
Die Linden runter vor das Preußenschloß
Schutt für den Alten Fritzen, und es steht
Wieder da fürs Personal, und Liebknecht
Ruft vom Balkon die Rote Republik aus.
Ich werd nicht wieder, aber das ist wahr
Und Rosa schwimmt für uns in dem Kanal
Jetzt lassen wir sie nicht ersaufen wieder
lacht:
Jetzt sind wir schlauer, wie die Toten sind
Die sich nicht auseinandernehmen lassen
Zweimal.
Die Toten werfen die in den Szenen verwendeten Waffen in den
Krater: überlautes metallisches Knirschen und Dröhnen.
　　　　Ich weiß, was meine Knochen sagen
Der ist hinüber, der den Kopf hinhält
Für eine Herrschaft und für leere Worte
Ich kann auch anders, wenn ihr mich fragt. Wenn ich
Mich bloß den Meter aufheb übern Boden
Sehe ich was ich seh, die Toten leben
Die Revolution, die sich nicht selber frißt
Und unterm Plüsch beerdigt ihren Traum.
Jetzt kleiden wir uns für ein andres Leben.
Die Toten entreißen den Ausbeutern Kleidung und Besitz und
wirbeln alles umher. Tafelmusik.
Ja, zweimal leben, das ist einmal gut.
Die Toten nehmen sich die Zeit, sie halten
Das tote Leben an. Die Toten streiken
In den Gruben und diktieren
Euch den Nachruf aus dem hohlen Bauch.
Sie sind enteignet, Damen und Herrn, verehrtes
Verdammtes elendes Publikum
Der Privilegien, so Sie welche haben

Und Posten, zu hoch über unsern Köpfen.
Die Toten wiederholen prustend die Sätze.
Nehmt eure Haut statt Fahnen, eure Leiber
Dann wißt ihr erst, wofür wir demonstrieren.
Lichtwechsel. Zwei Soldaten der Roten Armee und ein deutscher Junge in großer sowjetischer Militärjacke. Soldaten schneiden Bebel vom Strick.
JUNGE *schreit:*
Steh auf. Faschist. Nemezki. Kommunist?
Bebel rührt sich nicht.
Aus der Traum. Du liegst im Dreck. Los, lebe.
Zieht Bebel langsam hoch, stößt ihn vorwärts.

Epilog

Alle Spieler, ihre Masken abnehmend.

IMMER DER AUGENBLICK. DIE STERNE STEHN
GÜNSTIG ÜBER DEM FELD TRÜMMER KORN DIE MÖGLICHKEITEN
DU KANNST ALLES ENTSCHEIDEN

DANN FALLEN DIE TAGE WIEDER EIN EWIGER SCHNEE.

Zeittafel

1939 Geboren in Dresden-Rochwitz. Vier Brüder.

1945 Vater gefallen.

1948 Mit einem Roten-Kreuz-Transport in der Schweiz.

1957 Abitur.

1957-1958 Druckereiarbeiter in Dresden.

1958-1960 Tiefbauarbeiter in der Schwarzen Pumpe, Facharbeiterlehrgang, Maschinist im Tagebau Burghammer.

1959 *Der Schlamm.* Bericht (erschienen 1972/*1972* mit *Der Hörsaal* und *Die Bühne* als *Das ungezwungne Leben Kasts*).

1959-1964 *Provokation für mich.* Gedichte (erschienen 1965/*1966* mit dem Titel *Vorläufiges*).

1960-1964 Studium der Philosophie an der Karl-Marx-Universität Leipzig.

1962-1965 *Die Kipper.* Schauspiel (uraufgeführt 1972 in Leipzig/*1973* in Wuppertal).

1964 Reise nach Sibirien.
Der Hörsaal. Bericht.

1965 *Mink.* Fragment (uraufgeführt 1972 in Leipzig).

1965-1966 Auf Einladung Helene Weigels Mitarbeiter am Berliner Ensemble.

1965-1968 *Wir und nicht sie.* Gedichte (erschienen 1970/*1970*).

1966 *KriegsErklärung.* Fotogramme für eine Vietnam-Matinee des Berliner Ensembles.

1967-1971 Frei arbeitend in Berlin.

1967-1977 *Hinze und Kunze.* Schauspiel (uraufgeführt in der 1. Fassung 1968 in Weimar).

1968 *Die Bühne.* Bericht.

1969-1973 *Gegen die symmetrische Welt.* Gedichte (erschienen 1974/*1974*).

1969-1978 *Schmitten.* Schauspiel.

1970 *Lenins Tod.* Schauspiel.
Gericht über Kronstadt. Vorspiel.

1971 Lesungen in Frankreich. Heinrich-Heine-Preis.

1971-1972 Für eine Spielzeit Mitarbeiter an den Städtischen Theatern Leipzig.

1972-1973 *Tinka.* Schauspiel (uraufgeführt 1976 in Karl-Marx-Stadt/*1977* in Mannheim).

1972-1977 Mitarbeiter am Deutschen Theater Berlin.

1973 Vorstandsmitglied des Schriftstellerverbands der DDR.

1974 *Was bleibt zu tun?* Flugschrift.

Unvollendete Geschichte. Erzählung (erschienen 1975/*1977*).

Die Tribüne. Bericht (letzter Teil des *Ungezwungnen Lebens Kasts,* erschienen 1979/*1979*).

1974-1977 *Training des aufrechten Gangs.* Gedichte (erschienen 1979).

1975 *Guevara oder Der Sonnenstaat.* Schauspiel (uraufgeführt *1977* in Mannheim).

1976 Reise nach Kuba und Peru. Lesungen in Italien.

Es genügt nicht die einfache Wahrheit. Notate, 1964 bis 1973 erschienen (*1976*).

Großer Frieden. Schauspiel (uraufgeführt 1979 in Berlin).

Seit 1977 Mitarbeiter am Berliner Ensemble.

1978-1979 *Simplex Deutsch.* Spielbaukasten für Theater und Schule (uraufgeführt 1980 in Berlin).

1980 Lesungen in England. Heinrich-Mann-Preis.

Dmitri. Schauspiel.

Die kursiven Zahlen bedeuten das
Erscheinungs- bzw. Aufführungsjahr in der BRD.

Von Volker Braun
erschienen im Suhrkamp Verlag

Wir und nicht sie. Gedichte. 1970. 84 S.
edition suhrkamp Band 397
Das ungezwungne Leben Kasts. Drei Berichte. 1972.
160 S. Kt. *suhrkamp taschenbuch* Band 546, 1979, 188 S.
Gegen die symmetrische Welt. Gedichte. 1974.
100 S. Kt.
Stücke 1 (Die Kipper. Hinze und Kunze. Tinka). 1975.
188 S. *suhrkamp taschenbuch* Band 198
Es genügt nicht die einfache Wahrheit. Notate. 1976.
150 S. *edition suhrkamp* Band 799
Unvollendete Geschichte. 1977. 98 S. Kt. *Bibliothek Suhrkamp*
Band 648, 1979, 98 S.
Gedichte. 1979. 160 S. *suhrkamp taschenbuch* Band 499
Stücke 2 (Schmitten. Guevara oder Der Sonnenstaat. Großer
Frieden. Simplex Deutsch). 1981. 222 S. *suhrkamp taschenbuch*
Band 680

Alphabetisches Gesamtverzeichnis der suhrkamp taschenbücher

Achternbusch, Alexanderschlacht 61
– Die Stunde des Todes 449
– Happy oder Der Tag wird kommen 262
Adorno, Erziehung zur Mündigkeit 11
– Studien zum autoritären Charakter 107
– Versuch, das ›Endspiel‹ zu verstehen 72
– Versuch über Wagner 177
– Zur Dialektik des Engagements 134
Aitmatow, Der weiße Dampfer 51
Alegría, Die hungrigen Hunde 447
Alfvén, Atome, Mensch und Universum 139
– M 70 – Die Menschheit der siebziger Jahre 34
Allerleirauh 19
Alsheimer, Eine Reise nach Vietnam 628
– Vietnamesische Lehrjahre 73
Alter als Stigma 468
Anders, Kosmologische Humoreske 432
v. Ardenne, Ein glückliches Leben für Technik und Forschung 310
Arendt, Die verborgene Tradition 303
Arlt, Die sieben Irren 399
Arguedas, Die tiefen Flüsse 588
Artmann, Grünverschlossene Botschaft 82
– How much, schatzi? 136
– Lilienweißer Brief 498
– The Best of H. C. Artmann 275
– Unter der Bedeckung eines Hutes 337
Augustin, Raumlicht 660
Bachmann, Malina 641
v. Baeyer, Angst 118
Bahlow, Deutsches Namenlexikon 65
Balint, Fünf Minuten pro Patient 446
Ball, Hermann Hesse 385
Barnet (Hrsg.), Der Cimarrón 346
Basis 5, Jahrbuch für deutsche Gegenwartsliteratur 276
Basis 6, Jahrbuch für deutsche Gegenwartsliteratur 340
Basis 7, Jahrbuch für deutsche Gegenwartsliteratur 420
Basis 8, Jahrbuch für deutsche Gegenwartsliteratur 457
Basis 9, Jahrbuch für deutsche Gegenwartsliteratur 553
Basis 10, Jahrbuch für deutsche Gegenwartsliteratur 589
Beaucamp, Das Dilemma der Avantgarde 329
Becker, Jürgen, Eine Zeit ohne Wörter 20
Becker, Jurek, Irreführung der Behörden 271
– Der Boxer 526
– Schlaflose Tage 626
Beckett, Das letzte Band (dreisprachig) 200
– Der Namenlose 536
– Endspiel (dreisprachig) 171
– Glückliche Tage (dreisprachig) 248
– Malone stirbt 407
– Molloy 229
– Warten auf Godot (dreisprachig) 1
– Watt 46
Das Werk von Beckett. Berliner Colloquium 225
Materialien zu Becketts »Der Verwaiser« 605
Materialien zu Becketts »Godot« 104
Materialien zu Becketts »Godot« 2 475
Materialien zu Becketts Romanen 315
Behrens, Die weiße Frau 655
Benjamin, Der Stratege im Literaturkampf 176
– Illuminationen 345

– Über Haschisch 21
– Ursprung des deutschen Trauerspiels 69
Zur Aktualität Walter Benjamins 150
Bernhard, Das Kalkwerk 128
– Der Kulterer 306
– Frost 47
– Gehen 5
– Salzburger Stücke 257
Bertaux, Mutation der Menschheit 555
Beti, Perpétue und die Gewöhnung ans Unglück 677
Bierce, Das Spukhaus 365
Bingel, Lied für Zement 287
Bioy Casares, Fluchtplan 378
– Schweinekrieg 469
Blackwood, Besuch von Drüben 411
– Das leere Haus 30
– Der Griff aus dem Dunkel 518
Blatter, Zunehmendes Heimweh 649
Bloch, Spuren 451
– Atheismus im Christentum 144
Börne, Spiegelbild des Lebens 408
Bond, Bingo 283
– Die See 160
Brasch, Kargo 541
Braun, Johanna, Unheimliche Erscheinungsformen auf Omega XI 646
Braun, Das ungezwungne Leben Kasts 546
– Gedichte 499
– Stücke 1 198
– Stücke 2 680
Brecht, Frühe Stücke 201
– Gedichte 251
– Gedichte für Städtebewohner 640
– Geschichten vom Herrn Keuner 16
– Schriften zur Gesellschaft 199
Brecht in Augsburg 297
Bertolt Brechts Dreigroschenbuch 87
Brentano, Berliner Novellen 568
– Prozeß ohne Richter 427
Broch, Barbara 151
– Dramen 538
– Gedichte 572
– Massenwahntheorie 502
– Novellen 621
– Philosophische Schriften 1 u. 2 2 Bde. 375
– Politische Schriften 445
– Schlafwandler 472
– Schriften zur Literatur 1 246
– Schriften zur Literatur 2 247
– Schuldlosen 209
– Tod des Vergil 296
– Unbekannte Größe 393
– Verzauberung 350
Materialien zu »Der Tod des Vergil« 317
Brod, Der Prager Kreis 547
– Tycho Brahes Weg zu Gott 490
Broszat, 200 Jahre deutsche Polenpolitik 74
Brude-Firnau (Hrsg.), Aus den Tagebüchern Th. Herzls 374
Büßerinnen aus dem Gnadenkloster, Die 632
Bulwer-Lytton, Das kommende Geschlecht 609
Buono, Zur Prosa Brechts. Aufsätze 88
Butor, Paris-Rom oder Die Modifikation 89
Campbell, Der Heros in tausend Gestalten 424
Carossa, Ungleiche Welten 521
Über Hans Carossa 497

Carpentier, Explosion in der Kathedrale 370
– Krieg der Zeit 552
Celan, Mohn und Gedächtnis 231
– Von Schwelle zu Schwelle 301
Chomsky, Indochina und die amerikanische
  Krise 32
– Kambodscha Laos Nordvietnam 103
– Über Erkenntnis und Freiheit 91
Cioran, Die verfehlte Schöpfung 550
– Vom Nachteil geboren zu sein 549
– Syllogismen der Bitterkeit 607
Claes, Flachskopf 524
Condrau, Angst und Schuld als Grundprobleme in
  der Psychotherapie 305
Conrady, Literatur und Germanistik als Herausfor-
  derung 214
Cortázar, Bestiarium 543
– Das Feuer aller Feuer 298
– Ende des Spiels 373
Dahrendorf, Die neue Freiheit 623
– Lebenschancen 559
Dedecius, Überall ist Polen 195
Degner, Graugrün und Kastanienbraun 529
Der andere Hölderlin. Materialien zum »Hölderlin«-
  Stück von Peter Weiss 42
Dick, LSD-Astronauten 732
– UBIK 440
Doctorow, Das Buch Daniel 366
Döblin, Materialien zu »Alexanderplatz« 268
Dolto, Der Fall Dominique 140
Döring, Perspektiven einer Architektur 109
Donoso, Ort ohne Grenzen 515
Dorst, Dorothea Merz 511
– Stücke 1 437
– Stücke 2 438
Duddington, Baupläne der Pflanzen 45
Duke, Akupunktur 180
Duras, Hiroshima mon amour 112
Durzak, Gespräche über den Roman 318
Edschmidt, Georg Büchner 610
Ehrenburg, Das bewegte Leben des Lasik
  Roitschwantz 307
– 13 Pfeifen 405
Eich, Fünfzehn Hörspiele 120
Eliade, Bei den Zigeunerinnen 615
Eliot, Die Dramen 191
Zur Aktualität T. S. Eliots 222
Ellmann, James Joyce 2 Bde. 473
Enzensberger, Gedichte 1955–1970 4
– Der kurze Sommer der Anarchie 395
– Museum der modernen Poesie, 2 Bde. 476
– Politik und Verbrechen 442
Enzensberger (Hrsg.), Freisprüche. Revolutionäre
  vor Gericht 111
Eppendorfer, Der Ledermann spricht mit Hubert
  Fichte 580
Eschenburg, Über Autorität 178
Ewald, Innere Medizin in Stichworten I 97
– Innere Medizin in Stichworten II 98
Ewen, Bertolt Brecht 141
Fallada/Dorst, Kleiner Mann – was nun? 127
Feldenkrais, Abenteuer im Dschungel des Gehirns
  663
– Bewußtheit durch Bewegung 429
Feuchtwanger (Hrsg.), Deutschland – Wandel und
  Bestand 335
Fischer, Von Grillparzer zu Kafka 284
Fleißer, Der Tiefseefisch 683
– Eine Zierde für den Verein 294
– Ingolstädter Stücke 403

Fletcher, Die Kunst des Samuel Beckett 272
Franke, Einsteins Erben 603
– Schule für Übermenschen 730
– Sirius Transit 535
– Ypsilon minus 358
– Zarathustra kehrt zurück 410
– Zone Null 585
v. Franz, Zahl und Zeit 602
Friede und die Unruhestifter, Der 145
Fries, Das nackte Mädchen auf der Straße 577
– Der Weg nach Oobliadooh 265
Frijling-Schreuder, Was sind das – Kinder? 119
Frisch, Andorra 277
– Dienstbüchlein 205
– Herr Biedermann / Rip van Winkle 599
– Homo faber 354
– Mein Name sei Gantenbein 286
– Stiller 105
– Stücke 1 70
– Stücke 2 81
– Tagebuch 1966–1971 256
– Wilhelm Tell für die Schule 2
Materialien zu Frischs »Biedermann und die
  Brandstifter« 503
– »Stiller« 2 Bde. 419
Frischmuth, Amoralische Kinderklapper 224
Froese, Zehn Gebote für Erwachsene 593
Fromm/Suzuki/de Martino, Zen-Buddhismus und
  Psychoanalyse 37
Fuchs, Todesbilder in der modernen Gesellschaft
  102
Fuentes, Nichts als das Leben 343
Fühmann, Bagatelle, rundum positiv 426
– Erfahrungen und Widersprüche 593
– 22 Tage oder Die Hälfte des Lebens 463
Gadamer/Habermas, Das Erbe Hegels 596
Gall, Deleatur 639
García Lorca, Über Dichtung und Theater 196
Gibson, Lorcas Tod 197
Gilbert, Das Rätsel Ulysses 367
Glozer, Kunstkritiken 193
Goldstein, A. Freud, Solnit, Jenseits des Kindes-
  wohls 212
Goma, Ostinato 138
Gorkij, Unzeitgemäße Gedanken über Kultur und
  Revolution 210
Grabiński, Abstellgleis 478
Graule, Schwarze Genesis 624
Grossmann, Ossietzky. Ein deutscher Patriot 83
Habermas, Theorie und Praxis 9
– Kultur und Kritik 125
Habermas/Henrich, Zwei Reden 202
Hammel, Unsere Zukunft – die Stadt 59
Han Suyin, Die Morgenflut 234
Handke, Als das Wünschen noch geholfen hat 208
– Begrüßung des Aufsichtsrats 654
– Chronik der laufenden Ereignisse 3
– Das Ende der Flanierens 679
– Das Gewicht der Welt 500
– Die Angst des Tormanns beim Elfmeter 27
– Die Stunde der wahren Empfindung 452
– Die Unvernünftigen sterben aus 168
– Der kurze Brief 172
– Falsche Bewegung 258
– Hornissen 416
– Ich bin ein Bewohner des Elfenbeinturms 56
– Stücke 1 43
– Stücke 2 101
– Wunschloses Unglück 146
Hart Nibbrig, Ästhetik 491

Heiderich, Mit geschlossenen Augen 638
Heilbroner, Die Zukunft der Menschheit 280
Heller, Die Wiederkehr der Unschuld 396
– Nirgends wird Welt sein als innen 288
– Thomas Mann 243
Hellman, Eine unfertige Frau 292
Henle, Der neue Nahe Osten 24
v. Hentig, Die Sache und die Demokratie 245
– Magier oder Magister? 207
Herding (Hrsg.), Realismus als Widerspruch 493
Hermlin, Lektüre 1960–1971 215
Herzl, Aus den Tagebüchern 374
Hesse, Aus Indien 562
– Aus Kinderzeiten. Erzählungen Bd. 1 347
– Ausgewählte Briefe 211
– Briefe an Freunde 380
– Demian 206
– Der Europäer. Erzählungen Bd. 3 384
– Der Steppenwolf 175
– Die Gedichte. 2 Bde. 381
– Die Kunst des Müßiggangs 100
– Die Märchen 291
– Die Nürnberger Reise 227
– Die Verlobung. Erzählungen Bd. 2 368
– Die Welt der Bücher 415
– Eine Literaturgeschichte in Rezensionen 252
– Glasperlenspiel 79
– Innen und Außen. Erzählungen Bd. 4 413
– Klein und Wagner 116
– Kleine Freuden 360
– Kurgast 383
– Lektüre für Minuten 7
– Lektüre für Minuten. Neue Folge 240
– Narziß und Goldmund 274
– Peter Camenzind 161
– Politik des Gewissens, 2 Bde. 656
– Roßhalde 312
– Siddhartha 182
– Unterm Rad 52
– Von Wesen und Herkunft des Glasperlenspiels 382
Materialien zu Hesses »Demian« 1 166
Materialien zu Hesses »Demian« 2 316
Materialien zu Hesses »Glasperlenspiel« 1 80
Materialien zu Hesses »Glasperlenspiel« 2 108
Materialien zu Hesses »Siddhartha« 1 129
Materialien zu Hesses »Siddhartha« 2 282
Materialien zu Hesses »Steppenwolf« 53
Über Hermann Hesse 1 331
Über Hermann Hesse 2 332
Hermann Hesse – Eine Werkgeschichte von Siegfried Unseld 143
Hermann Hesses weltweite Wirkung 386
Hildesheimer, Hörspiele 363
– Mozart 598
– Paradies der falschen Vögel 295
– Stücke 362
Hinck, Von Heine zu Brecht 481
Hobsbawm, Die Banditen 66
Hofmann (Hrsg.), Schwangerschaftsunterbrechung 238
Hofmann, Werner, Gegenstimmen 554
Höllerer, Die Elephantenuhr 266
Holmqvist (Hrsg.), Das Buch der Nelly Sachs 398
Hortleder, Fußball 170
Horváth, Der ewige Spießer 131
– Die stille Revolution 254
– Ein Kind unserer Zeit 99
– Jugend ohne Gott 17
– Leben und Werk in Dokumenten und Bildern 67
– Sladek 163
Horváth/Schell, Geschichten aus dem Wienerwald 595
Hudelot, Der Lange Marsch 54
Hughes, Hurrikan im Karibischen Meer 394
Huizinga, Holländische Kultur im siebzehnten Jahrhundert 401
Ibragimbekow, Es gab keinen besseren Bruder 479
Ingold, Literatur und Aviatik 576
Innerhofer, Die großen Wörter 563
– Schattseite 542
– Schöne Tage 349
Inoue, Die Eiswand 551
Jakir, Kindheit in Gefangenschaft 152
James, Der Schatz des Abtes Thomas 540
Jens, Republikanische Reden 512
Johnson, Berliner Sachen 249
– Das dritte Buch über Achim 169
– Eine Reise nach Klagenfurt 235
– Mutmassungen über Jakob 147
– Zwei Ansichten 326
Jonke, Im Inland und im Ausland auch 156
Joyce, Ausgewählte Briefe 253
Joyce, Stanislaus, Meines Bruders Hüter 273
Junker/Link, Ein Mann ohne Klasse 528
Kappacher, Morgen 339
Kästner, Der Hund in der Sonne 270
– Offener Brief an die Königin von Griechenland. Beschreibungen, Bewunderungen 106
Kardiner/Preble, Wegbereiter der modernen Anthropologie 165
Kasack, Fälschungen 264
Kaschnitz, Der alte Garten 387
– Ein Lesebuch 647
– Steht noch dahin 57
– Zwischen Immer und Nie 425
Katharina II. in ihren Memoiren 25
Keen, Stimmen und Visionen 545
Kerr (Hrsg.), Über Robert Walser 1 483
– Über Robert Walser 2 484
– Über Robert Walser 3 556
Kessel, Herrn Brechers Fiasko 453
Kirde (Hrsg.), Das unsichtbare Auge 477
Kluge, Lebensläufe. Anwesenheitsliste für eine Beerdigung 186
Koch, Anton, Symbiose – Partnerschaft fürs Leben 304
Koch, Werner, Pilatus 650
– See-Leben I 132
– Wechseljahre oder See-Leben II 412
Koehler, Hinter den Bergen 456
Koeppen, Das Treibhaus 78
– Der Tod in Rom 241
– Eine unglückliche Liebe 392
– Nach Rußland und anderswohin 115
– Reise nach Frankreich 530
– Romanisches Café 71
– Tauben im Gras 601
Koestler, Der Yogi und der Kommissar 158
– Die Nachtwandler 579
– Die Wurzeln des Zufalls 181
Kolleritsch, Die grüne Seite 323
Konrád, Der Stadtgründer 633
– Besucher 492
Korff, Kernenergie und Moraltheologie 597
Kracauer, Das Ornament der Masse 371
– Die Angestellten 13
– Kino 126
Kraus, Magie der Sprache 204

Kroetz, Stücke 259
Krolow, Ein Gedicht entsteht 95
Kücker, Architektur zwischen Kunst und Konsum 309
Kühn, Josephine 587
– Ludwigslust 421
– N 93
– Siam-Siam 187
– Stanislaw der Schweiger 496
Kundera, Abschiedswalzer 591
– Das Leben ist anderswo 377
– Der Scherz 514
Lagercrantz, China-Report 8
Lander, Ein Sommer in der Woche der Itke K. 155
Laxness, Islandglocke 228
le Fanu, Der besessene Baronet 731
le Fort, Die Tochter Jephthas und andere Erzählungen 351
Lem, Astronauten 441
– Der futurologische Kongreß 534
– Der Schnupfen 570
– Die Jagd 302
– Die Untersuchung 435
– Imaginäre Größe 658
– Memoiren, gefunden in der Badewanne 508
– Mondnacht 729
– Nacht und Schimmel 356
– Solaris 226
– Sterntagebücher 459
– Summa technologiae 678
– Transfer 324
Lenz, Hermann, Andere Tage 461
– Der russische Regenbogen 531
– Der Tintenfisch in der Garage 620
– Die Augen eines Dieners 348
– Neue Zeit 505
– Tagebuch vom Überleben 659
– Verlassene Zimmer 436
Lepenies, Melancholie und Gesellschaft 63
Lese-Erlebnisse 2 458
Leutenegger, Vorabend 642
Lévi-Strauss, Rasse und Geschichte 62
– Strukturale Anthropologie 15
Lidz, Das menschliche Leben 162
Literatur aus der Schweiz 450
Lovecraft, Cthulhu 29
– Berge des Wahnsinns 220
– Das Ding auf der Schwelle 357
– Die Katzen von Ulthar 625
– Der Fall Charles Dexter Ward 391
MacLeish, Spiel um Job 422
Mächler, Das Leben Robert Walsers 321
Mädchen am Abhang, Das 630
Machado de Assis, Posthume Erinnerungen 494
Malson, Die wilden Kinder 55
Martinson, Die Nesseln blühen 279
– Der Weg hinaus 281
Mautner, Nestroy 465
Mayer, Georg Büchner und seine Zeit 58
– Wagner in Bayreuth 480
Materialien zu Hans Mayer, »Außenseiter« 448
Mayröcker. Ein Lesebuch 548
Maximović, Die Erforschung des Omega Planeten 509
McHale, Der ökologische Kontext 90
Melchinger, Geschichte des politischen Theaters 153, 154
Meyer, Die Rückfahrt 578
– Eine entfernte Ähnlichkeit 242

– In Trubschachen 501
Miłosz, Verführtes Denken 278
Minder, Dichter in der Gesellschaft 33
– Kultur und Literatur in Deutschland und Frankreich 397
Mitscherlich, Massenpsychologie ohne Ressentiment 76
– Thesen zur Stadt der Zukunft 10
– Toleranz – Überprüfung eines Begriffs 213
Mitscherlich (Hrsg.), Bis hierher und nicht weiter 239
Molière, Drei Stücke 486
Mommsen, Kleists Kampf mit Goethe 513
Morselli, Licht am Ende des Tunnels 627
Moser, Gottesvergiftung 533
– Lehrjahre auf der Couch 352
Muschg, Albissers Grund 334
– Entfernte Bekannte 510
– Gottfried Keller 617
– Im Sommer des Hasen 263
– Liebesgeschichten 164
Myrdal, Asiatisches Drama 634
– Politisches Manifest 40
Nachtigall, Völkerkunde 184
Nizon, Canto 319
– Im Hause enden die Geschichten. Untertauchen 431
Norén, Die Bienenväter 117
Nossack, Das kennt man 336
– Der jüngere Bruder 133
– Die gestohlene Melodie 219
– Nach dem letzten Aufstand 653
– Spirale 50
– Um es kurz zu machen 255
Nossal, Antikörper und Immunität 44
Olvedi, LSD-Report 38
Onetti, Das kurze Leben 661
Painter, Marcel Proust, 2 Bde. 561
Paus (Hrsg.), Grenzerfahrung Tod 430
Payne, Der große Charlie 569
Pedretti, Harmloses, bitte 558
Penzoldts schönste Erzählungen 216
– Der arme Chatterton 462
– Die Kunst das Leben zu lieben 267
– Die Powenzbande 372
Pfeifer, Hesses weltweite Wirkung 506
Phaïcon 3 443
Phaïcon 4 636
Plenzdorf, Die Legende von Paul & Paula 173
– Die neuen Leiden des jungen W. 300
Pleticha (Hrsg.), Lese-Erlebnisse 2 458
Plessner, Diesseits der Utopie 148
– Die Frage nach der Conditio humana 361
– Zwischen Philosophie und Gesellschaft 544
Poe, Der Fall des Hauses Ascher 517
Politzer, Franz Kafka. Der Künstler 433
Portmann, Biologie und Geist 124
– Das Tier als soziales Wesen 444
Prangel (Hrsg.), Materialien zu Döblins »Alexanderplatz« 268
Proust, Briefe zum Leben, 2 Bde. 464
– Briefe zum Werk 404
– In Swanns Welt 644
Psychoanalyse und Justiz 167
Puig, Der schönste Tango 474
– Verraten von Rita Hayworth 344
Raddatz, Traditionen und Tendenzen 269
– ZEIT-Bibliothek der 100 Bücher 645
– ZEIT-Gespräche 520

Rathscheck, Konfliktstoff Arzneimittel 189
Regler, Das große Beispiel 439
– Das Ohr des Malchus 293
Reik (Hrsg.), Der eigene und der fremde Gott 221
Reinisch (Hrsg.), Jenseits der Erkenntnis 418
Reinshagen, Das Frühlingsfest 637
Reiwald, Die Gesellschaft und ihre Verbrecher 130
Riedel, Die Kontrolle des Luftverkehrs 203
Riesman, Wohlstand wofür? 113
– Wohlstand für wen? 114
Rilke, Materialien zu »Cornet« 190
– Materialien zu »Duineser Elegien« 574
– Materialien zu »Malte« 174
– Rilke heute 1 290
– Rilke heute 2 355
Rochefort, Eine Rose für Morrison 575
– Frühling für Anfänger 532
– Kinder unserer Zeit 487
– Mein Mann hat immer recht 428
– Ruhekissen 379
– Zum Glück gehts dem Sommer entgegen 523
Rosei, Landstriche 232
– Wege 311
Roth, Der große Horizont 327
– die autobiographie des albert einstein. Künstel. Der Wille zur Krankheit 230
Rottensteiner (Hrsg.), Blick vom anderen Ufer 359
– Polaris 4 460
– Quarber Merkur 571
Rüegg, Antike Geisteswelt 619
Rühle, Theater in unserer Zeit 325
Russell, Autobiographie I 22
– Autobiographie II 84
– Autobiographie III 192
– Eroberung des Glücks 389
v. Salis, Rilkes Schweizer Jahre 289
Sames, Die Zukunft der Metalle 157
Sarraute, Zeitalter des Mißtrauens 223
Schäfer, Erziehung im Ernstfall 557
Scheel/Apel, Die Bundeswehr und wir. Zwei Reden 522
Schickel, Große Mauer, Große Methode 314
Schimmang, Der schöne Vogel Phönix 527
Schneider, Der Balkon 455
– Die Hohenzollern 590
– Macht und Gnade 423
Über Reinhold Schneider 504
Schulte (Hrsg.), Spiele und Vorspiele 485
Schultz (Hrsg.), Der Friede und die Unruhestifter 145
– Politik ohne Gewalt? 330
– Wer ist das eigentlich – Gott? 135
Scorza, Trommelwirbel für Rancas 584
Semprun, Der zweite Tod 564
Shaw, Der Aufstand gegen die Ehe 328
– Der Sozialismus und die Natur des Menschen 121
– Die Aussichten des Christentums 18
– Politik für jedermann 643
Simpson, Biologie und Mensch 36
Sperr, Bayrische Trilogie 28
Spiele und Vorspiele 485
Steiner, George, In Blaubarts Burg 77
Steiner, Jörg, Ein Messer für den ehrlichen Finder 583
– Sprache und Schweigen 123
– Strafarbeit 471
Sternberger, Panorama oder Ansichten vom 19. Jahrhundert 179

– Gerechtigkeit für das 19. Jahrhundert 244
– Heinrich Heine und die Abschaffung der Sünde 308
Stierlin, Adolf Hitler 236
– Das Tun des Einen ist das Tun des Anderen 313
– Eltern und Kinder 618
Strausfeld (Hrsg.), Materialien zur lateinamerikanischen Literatur 341
– Aspekte zu Lezama Lima »Paradiso« 482
Strehler, Für ein menschlicheres Theater 417
Strindberg, Ein Lesebuch für die niederen Stände 402
Struck, Die Mutter 489
– Lieben 567
– Trennung 613
Strugatzki, Die Schnecke am Hang 434
Stuckenschmidt, Schöpfer der neuen Musik 183
– Maurice Ravel 353
– Neue Musik 657
Suvin, Poetik der Science Fiction 539
Swoboda, Die Qualität des Lebens 188
Szabó, I. Moses 22 142
Szczepański, Vor dem unbekannten Tribunal 594
Terkel, Der Große Krach 23
Timmermans, Pallieter 400
Trocchi, Die Kinder Kains 581
Ueding (Hrsg.), Materialien zu Hans Mayer, »Außenseiter« 448
Ulbrich, Der unsichtbare Kreis 652
Unseld, Hermann Hesse – Eine Werkgeschichte 143
– Begegnungen mit Hermann Hesse 218
– Peter Suhrkamp 260
Unseld (Hrsg.), Wie, warum und zu welchem Ende wurde ich Literaturhistoriker? 60
– Bertolt Brechts Dreigroschenbuch 87
– Zur Aktualität Walter Benjamins 150
– Mein erstes Lese-Erlebnis 250
Unterbrochene Schulstunde. Schriftsteller und Schule 48
Utschick, Die Veränderung der Sehnsucht 566
Vargas Llosa, Das grüne Haus 342
– Die Stadt und die Hunde 622
Vidal, Messias 390
Waggerl, Brot 299
Waley, Lebensweisheit im Alten China 217
Walser, Martin, Das Einhorn 159
– Der Sturz 322
– Ein fliehendes Pferd 600
– Ein Flugzeug über dem Haus 612
– Gesammelte Stücke 6
– Halbzeit 94
– Jenseits der Liebe 525
Walser, Robert, Briefe 488
– Der »Räuber« – Roman 320
– Poetenleben 388
Über Robert Walser 1 483
Über Robert Walser 2 484
Über Robert Walser 3 556
Weber-Kellermann, Die deutsche Familie 185
Weg der großen Yogis, Der 409
Weill, Ausgewählte Schriften 285
Über Kurt Weill 237
Weischedel, Skeptische Ethik 635
Weiss, Peter, Das Duell 41
Weiß, Ernst, Georg Letham 648
– Rekonvaleszenz 31
Materialien zu Weiss' »Hölderlin« 42
Weissberg-Cybulski, Hexensabbat 369
Weltraumfriseur, Der 631

Wendt, Moderne Dramaturgie 149
Wer ist das eigentlich – Gott? 135
Werner, Fritz, Wortelemente lat.-griech. Fachausdrücke in den biolog. Wissenschaften 64
Wie der Teufel den Professor holte 629
Wiese, Das Gedicht 376
Wilson, Auf dem Weg zum Finnischen Bahnhof 194

Wittgenstein, Philosophische Untersuchungen 14
Wolf, Die heiße Luft der Spiele 606
– Pilzer und Pelzer 466
– Punkt ist Punkt 122
Zeemann, Einübung in Katastrophen 565
Zimmer, Spiel um den Elefanten 519
Zivilmacht Europa – Supermacht oder Partner? 137